German Short Stories for Beginners 5 in 1

Over 500 Dialogues and Daily Used Phrases to Learn German in Your Car. Have Fun & Grow Your Vocabulary, with Crazy Effective Language Learning Lessons

www.LearnLikeNatives.com

© **Copyright 2021**

By Learn Like A Native

ALL RIGHTS RESERVED

No part of this book may be reproduced, stored in a retrieval system, or transmitted in any form or by any means, without the prior written permission of the publisher.

TABLE OF CONTENT

INTRODUCTION	7
CHAPTER 1 The Mysterious Package / Greetings	16
Translation of the Story	24
CHAPTER 2 Mardi Gras / Colors + Days of the Week	29
Translation of the Story	36
CHAPTER 3 Weird Weather / Weather	40
Translation of the Story	47
CHAPTER 4 John's Homework / School + Classroom	52
Translation of the Story	59
CHAPTER 5 Thrift Store Bargain / house and furniture	63
Translation of the Story	71
CHAPTER 6 The Goat / common present tense verbs	75
Translation of the Story	84
CHAPTER 7 The Car / emotions	90
Translation of the Story	99

CHAPTER 8 Going to A Meeting / telling time   105

Translation of the Story   114

CHAPTER 9 Lunch with The Queen

/ to be, to have + food   120

Translation of the Story   130

CHAPTER 10 The Driver's License

/ question words   137

Translation of the Story   146

CHAPTER 11 At the Travel Agency

/ likes and dislikes   152

Translation of the Story   161

CHAPTER 12 Valentine's Day in Paris

/ prepositions   167

Translation of the Story   176

CHAPTER 13 New Roommates

/ Common everyday objects + possession   183

Translation of the Story   192

CHAPTER 14 A Day in the Life / transition words   198

Translation of the Story   207

CHAPTER 15 The Camino Inspiration

/ Numbers + Family   212

Translation of the Story	220
CONCLUSION	224
About the Author	228

INTRODUCTION

Before we dive into some German, I want to congratulate you, whether you're just beginning, continuing, or resuming your language learning journey. Here at Learn Like a Native, we understand the determination it takes to pick up a new language and after reading this book, you'll be another step closer to achieving your language goals.

As a thank you for learning with us, we are giving you free access to our 'Speak Like a Native' eBook. It's packed full of practical advice and insider tips on how to make language learning quick, easy, and most importantly, enjoyable. Head over to LearnLikeNatives.com to access your free guide and peruse our huge selection of language learning resources.

Learning a new language is a bit like cooking—you need several different ingredients and the right technique, but the end result is sure to be delicious. We created this book of short stories for learning German because language is alive. Language is about the senses—hearing, tasting the words on your tongue, and touching another culture up close. Learning a language in a classroom is a fine place to start, but it's not a complete introduction to a language.

In this book, you'll find a language come to life. These short stories are miniature immersions into the German language, at a level that is perfect for beginners. This book is not a lecture on grammar. It's not an endless vocabulary list. This book is the closest you can come to a language immersion without leaving the country. In the stories within, you will see people speaking to each other, going through daily life situations, and using the most common, helpful words and phrases in language. You are holding the key to bringing your German studies to life.

Made for Beginners

We made this book with beginners in mind. You'll find that the language is simple, but not boring. Most of the book is in the present tense, so you will be able to focus on dialogues, root verbs, and understand and find patterns in subject-verb agreement.

This is not "just" a translated book. While reading novels and short stories translated into German is a wonderful thing, beginners (and even novices) often run into difficulty. Literary licenses and complex sentence structure can make reading in your second language truly difficult—not to mention BORING. That's why German Short Stories for Beginners is the perfect book to pick up. The stories are simple, but not infantile. They were not written for children, but the language is simple so that beginners can pick it up.

The Benefits of Learning a Second Language

If you have picked up this book, it's likely that you are already aware of the many benefits of learning a second language. Besides just being fun, knowing more than one language opens up a whole new world to you. You will be able to communicate with a much larger chunk of the world. Opportunities in the workforce will open up, and maybe even your day-to-day work will be improved. Improved communication can also help you expand your business. And from a neurological perspective, learning a second language is like taking your daily vitamins and eating well, for your brain!

How To Use The Book

The chapters of this book all follow the same structure:

- A short story with several dialogs
- A summary in German
- A list of important words and phrases and their English translation
- Questions to test your understanding
- Answers to check if you were right
- The English translation of the story to clear every doubt

You may use this book however is comfortable for you, but we have a few recommendations for getting the most out of the experience. Try these tips and if they work for you, you can use them on every chapter throughout the book.

1) Start by reading the story all the way through. Don't stop or get hung up on any particular words or phrases. See how much of the plot you can understand in this way. We think you'll get a lot more of it than you may expect, but it is completely normal not to understand everything

in the story. You are learning a new language, and that takes time.

2) Read the summary in German. See if it matches what you have understood of the plot.

3) Read the story through again, slower this time. See if you can pick up the meaning of any words or phrases you don't understand by using context clues and the information from the summary.

4) Test yourself! Try to answer the five comprehension questions that come at the end of each story. Write your answers down, and then check them against the answer key. How did you do? If you didn't get them all, no worries!

5) Look over the vocabulary list that accompanies the chapter. Are any of these the words you did not understand? Did you already know the meaning of some of them from your reading?

6) Now go through the story once more. Pay attention this time to the words and phrases you haven't understand. If you'd like, take the time to look them up to expand your meaning of the story. Every time you read over the story, you'll understand more and more.

7) Move on to the next chapter when you are ready.

Read and Listen

The audio version is the best way to experience this book, as you will hear a native German speaker tell you each story. You will become accustomed to their accent as you listen along, a huge plus for when you want to apply your new language skills in the real world.

If this has ignited your language learning passion and you are keen to find out what other resources are available, go to LearnLikeNatives.com, where you can access our vast range of free learning materials. Don't know where to begin? An excellent place to start is our 'Speak Like a Native' free eBook, full of practical advice and insider tips on how to make language learning quick, easy, and most importantly, enjoyable.

And remember, small steps add up to great advancements! No moment is better to begin learning than the present.

FREE BOOK!

Get the *FREE BOOK* that reveals the secrets path to learn any language fast, and without leaving your country.

Discover:

- The **language 5 golden rules** to master languages at will

- Proven **mind training techniques** to revolutionize your learning

- A complete step-by-step guide to **conquering any language**

German Short Stories for Beginners Book 1

Over 100 Dialogues and Daily Used Phrases to Learn German in Your Car. Have Fun & Grow Your Vocabulary, with Crazy Effective Language Learning Lessons

www.LearnLikeNatives.com

CHAPTER 1
The Mysterious Package / Greetings

HANDLUNG

Es klingelt an der Tür.

Andrew läuft zur Tür der Wohnung. Die Türklingel klingelt am Samstagmorgen nie. Andrew freut sich, zu sehen, wer an der Tür ist. Er öffnet die Tür.

"**Guten Morgen**, kleiner Junge", sagt ein Bote. Der Mann ist in einer braunen Uniform gekleidet und trägt eine braune Schachtel.

"**Hallo, der Herr**", sagt Andrew.
"Ich habe ein Paket", sagt der Lieferant, "für die Hauptstraße 10."

"Das ist die Hauptstraße 10", sagt Andrew.

"Das Paket hat keinen Namen", sagt der Lieferant, "es hat auch keine Wohnungsnummer."

"Wie seltsam!" sagt Andrew.

"Kannst du es der richtigen Person geben?" fragt der Mann.

"Ich kann es versuchen", sagt Andrew. Er ist erst zehn Jahre alt, aber er fühlt sich wichtig.

"**Vielen Dank**", sagt der Lieferant. Er geht, Andrew bringt die Schachtel in sein Haus. Er starrt auf die Schachtel. Sie hat ungefähr die Größe eines Schuhkartons. Auf dem Paket steht kein Name, nur Hauptstraße 10.

Andrew öffnet den Pappkarton. Er muss wissen, was drin ist, um den Besitzer zu finden. In dem Pappkarton befindet sich eine kleine Holzkiste. Andrew öffnet die Holzkiste. In der Kiste sind 10 verschiedene Brillenpaare. Sie haben unterschiedliche Farben: rosa und rot, grüne Pünktchen, schwarz und weiß. Sie haben auch unterschiedliche Formen: rund, quadratisch und rechteckig.

Er schließt die Schachtel und zieht seine Schuhe an.

"**Tschüss**, Mama! Ich bin gleich wieder da", schreit er.

Andrew klopft an die Tür gegenüber von seiner Wohnung. Sie öffnet sich. Eine sehr alte Dame lächelt Andrew mit seiner Schachtel an.

"**Guten Morgen**, Frau Smith!" sagt Andrew.

"**Wie geht es dir**?" fragt die alte Dame.

"**Gut, danke! Und Ihnen**?" fragt Andrew.

"Was hast du da?" fragt die alte Dame.

"**Fräulein**, das ist ein Paket. Es gehört jemandem in diesem Gebäude, aber ich weiß nicht wem", sagt Andrew.

"Es ist nicht für mich", sagt die alte Dame. "Unmöglich!" "Oh, okay" sagt Andrew, enttäuscht. Die alte Dame trägt eine Brille. Er denkt sich, dass die Brillen ihr gut stehen würden. Er dreht sich um, zu gehen.

"Komm später wieder", ruft die alte Dame, "ich mache Kekse und ein paar Kekse sind für dich und deine Familie."

Andrew geht die Treppe hoch. Sein Gebäude hat 2 Etagen. Er ist mit fast jedem im Gebäude befreundet. Allerdings hat die Wohnung im ersten Stock eine neue Familie. Andrew kennt sie nicht. Er ist schüchtern, aber er klingelt. Ein braunhaariger Mann öffnet die Tür, er lächelt.

"**Hallo**!" sagt der Mann.

"Hallo", sagt Andrew, "ich wohne unten, **mein Name ist** Andrew."

"**Schön, dich kennenzulernen**, Andrew", sagt der Mann. "Wir sind neu im Haus, ich bin Herr Jones."

"**Freut mich auch, Sie kennenzulernen**" sagt Andrew. "Dieses Paket gehört jemandem in diesem Gebäude. Ist es Ihr Paket?"

"Unmöglich!" sagt der Mann. "Meine Familie und ich sind gerade erst hergezogen. Niemand kennt unsere Adresse."

"Okay", sagt Andrew. "Schön, Sie kennen zu lernen." Die Tür schließt sich. Ein weiteres Nein. Es sind nur noch zwei weitere Wohnungen übrig. In der nächsten Wohnung lebt eine Familie. Die Tochter geht auf dieselbe Schule wie Andrew. Sie ist ein Jahr älter als Andrew. Ihr Name ist Diana. Andrew findet sie sehr hübsch, er fühlt sich wieder schüchtern, aber er klopft an die Tür.

Ein hübsches, blondes Mädchen öffnet die Tür.

"**Hallo**, Diana", Andrew lächelt.

"**Was ist los?**" fragt Diana. Ihr Pijama ist hellrosa und ihre Haare sind zerzaust.
"**Wie läuft es denn so?**" fragt Andrew.

"**Es geht so**", sagte Diana. "Ich habe geschlafen, du hast mich geweckt."

"Es tut mir leid", sagt er schnell. Sein Gesicht ist rot. Er fühlt sich besonders schüchtern. "Ich habe ein Paket. Wir wissen nicht, wem es gehört."

"Was ist drin?" fragt Diana.

"Ein paar Gläser. Sie sind zum Lesen da", sagt Andrew.

"Ich trage keine Brille, meine Mutter trägt auch keine, das Pakct ist nicht für uns", sagt Diana.

"Okay", sagt Andrew. Er winkt zum Abschied und geht die Treppe hoch. Es gibt noch eine weitere Wohnung, die Wohnung im zweiten Stock. Herr Edwards lebt allein in dieser Wohnung. Er hat einen großen Papagei, der weiß, wie man redet. Er hat auch vier Katzen und einen Hund. Seine Wohnung ist alt und dunkel. Andrew hat Angst vor

Herr Edwards. Er klingelt an der Tür. Er muss herausfinden, wem das Paket gehört.

"**Hallo**," sagt Herr Edwards. Sein Hund kommt zur Tür. Der Hund hilft Herr Edwards, da er blind ist.

"Hallo, Herr Edwards. Ich bin es Andrew", sagt Andrew. Herr Edwards hat die Augen geschlossen, er lächelt.

"**Was gibt es Neues**, Andrew?" fragt er. Hmmm, denkt Andrew, vielleicht ist Herr Edwards nicht furchterregend. Vielleicht ist Herr Edwards nur ein netter alter Mann, der allein lebt.

"Ich habe ein Paket und ich denke, es ist für Sie", sagt Andrew.

"Oh ja! Meine Lesebrillen, endlich!" lächelt Herr Edwards. Er streckt seine Hände aus. Andrew ist verwirrt. Er sieht den Hund an. Er scheint auch zu lächeln. Er gibt Herr Edwards die Schachtel.

"**Schön, dich zu sehen**", sagt Herr Edwards.

"**Sie auch**", sagt Andrew. Vielleicht besucht er Herr Edwards wieder an einem anderen Tag. Er dreht sich um und geht nach Hause.

ZUSAMMENFASSUNG

Ein Junge, Andrew, bekommt ein Paket, das nicht für ihn bestimmt ist. Darin enthalten ist eine Schachtel mit

Brillen. Er geht damit zu den Nachbarn, einen nach dem anderen, um herauszufinden, wem das Paket gehört. Er findet heraus, dass das Paket seinem Nachbarn Herr Edwards gehört, was ein wenig überraschend ist.

VOKABELLISTE

guten Morgen	Good morning
Hallo	Hello
Herr	Sir
vielen Dank	Thank you very much
Tschüss	Bye
Guten Morgen!	Morning!
Wie geht es dir?	How are you?
In Ordnung, danke schön!	Fine, thanks!
Und was ist mit dir?	And you?
Fräulein	Ma'am
Hallo	Hi
Mein Name ist…	My Name is…
Freut mich, dich kennenzulernen	It's nice to meet you
Freut mich auch, Sie kennenzulernen	Nice to meet you too
Wie läuft es so?	How's it going?
Es geht so	It's going
Hallo	Hey
Wie läuft es denn so	What's up
Was gibt's Neues	What's new
Schön, dich zu sehen	It's good to see you

FRAGEN

1. Wer ist an der Haustür, wenn Andrew sie öffnet?
    a) ein Lieferant
    b) eine Katze
    c) ein Volkszähler
    d) sein Vater

2. Wie würden Sie Frau Smith beschreiben?
    a) ein schönes Mädchen
    b) eine gemeine Person
    c) ein schlechter Nachbar
    d) eine nette alte Frau

3. Wer wohnt im ersten Stock des Wohnhauses?
    a) niemand
    b) ein Mädchen aus Andrews Schule
    c) eine neue Familie
    d) Andrew

4. Was denkt Andrew über Diana?
    a) er mag sie und findet sie hübsch
    b) er folgt ihr in den sozialen Medien
    c) er mag sie nicht
    d) sie kennen sich nicht

5. Wem gehören die Brillen im Haus?
    a) der alten Frau
    b) dem blinden Mann
    c) Andrew und seiner Familie
    d) niemand

ANTWORTEN

1. Wer ist an der Haustür, wenn Andrew sie öffnet?
a) ein Lieferant

2. Wie würdest du Frau Smith beschreiben?
   d) eine nette alte Frau

3. Wer wohnt im ersten Stock des Wohnhauses?
   c) eine neue Familie

4. Was denkt Andrew über Diana?
   a) er mag sie und findet sie hübsch

5. Wem gehören die Brillen im Haus?
   b) dem blinden Mann

Translation of the Story
The Mysterious Package

The doorbell rings.

Andrew runs to the door of the apartment. The doorbell never rings on Saturday mornings. Andrew is excited to see who is at the door. He opens the door.

"**Good morning**, little boy," says a delivery man. The man is dressed in a brown uniform and is carrying a brown box.

"**Hello, sir**," says Andrew.

"I have a package," the delivery man says. "It says 10 Main Street."
"This is 10 Main Street," says Andrew.

"The package has no name," says the delivery man. "It also has no apartment number."

"How strange!" says Andrew.

"Can you give it to the right person?" the man asks.

"I can try," says Andrew. He is only ten years old, but he feels important.

"**Thank you very much**," says the delivery man. He leaves. Andrew takes the box into his house. He stares at the box. It is about the size of a shoe box. It has no name on the outside, just 10 Main Street.

Andrew opens the cardboard box. He needs to know what is inside to find the owner. There is a small wood box inside the cardboard box. Andrew opens the wooden box. Inside the box are 10 different pairs of eyeglasses. They are different colors: pink and red, green polka dots, black and white. They are also different shapes: round, square and rectangle.

He closes the box and puts on his shoes.

"**Bye** mom! I'll be right back," he shouts.

Andrew knocks on the door across the hall from his house. It opens. A very old lady smiles at Andrew and the box.

"**Morning**, Mrs. Smith!" says Andrew.

"**How are you?**" asks the old lady.

"**Fine, thanks! And you?**" says Andrew.

"What do you have?" asks the old lady.

"**Ma'am,** this is a package. It belongs to someone in this building but I don't know who," says Andrew.

"It's not for me," says the old lady. "Impossible!"

"Oh, ok" says Andrew, disappointed. The old lady wears glasses. He thinks these glasses would look nice on her. He turns to leave.

"Come back later," calls the old lady. "I'm making cookies and some cookies are for you and your family."

Andrew goes up the stairs. His building has three floors. He is friends with almost everyone in the building. However, the apartment on the second floor has a new family. Andrew doesn't know them. He feels shy, but he rings the bell. A brown-haired man opens the door. He smiles.

"Hi!" says the man.

"Hello," says Andrew. "I live downstairs. **My name is** Andrew."

"It's nice to meet you, Andrew," the man says. "We are new to the building. I'm Mr. Jones."

"Nice to meet you too," says Andrew. "This package belongs to someone in this building. Is it your package?"

"Impossible!" says the man. "My family and I just moved here. No one knows our address."

"Ok," says Andrew. "Nice to meet you then." The door closes. Another no. There are only two apartments left to try. In the next apartment is a family. The daughter goes to the same school as Andrew. She is a year older than Andrew. Her name is Diana. Andrew thinks she is very beautiful. He feels shy again, but he knocks on the door.

A pretty, blonde girl opens the door.

"Hey, Diana," Andrew smiles.

"What's up?" Diana says. Her pijamas are bright pink and her hair is messy.
"How's it going?" Andrew asks.

"It's going," Diana says. "I was asleep. You woke me up."

"I'm sorry," he says quickly. His face is red. He feels extra shy. "I have a package. We don't know who it belongs to."

"What is in it?" asks Diana.

"Some glasses. They are glasses for reading," says Andrew.

"I don't wear glasses. My mom doesn't use them. The box is not for us," says Diana.
"Ok," says Andrew. He waves goodbye and climbs the stairs. There is one more apartment, the apartment on the third floor. Mr. Edwards lives in this apartment, alone. He has a big parrot that knows how to talk. He also has four cats and a dog. His apartment is old and dark. Andrew feels afraid of Mr. Edwards. He rings the doorbell. He has to find out who the box belongs to.

"Hello," says Mr. Edwards. His dog comes to the door. The dog helps Mr. Edwards because he is blind.

"Hi, Mr. Edwards. It's Andrew," Andrew says. Mr. Edwards has his eyes closed. He smiles.

"What's new, Andrew?" He asks. Hmmm, Andrew thinks, maybe Mr. Edwards isn't scary. Maybe Mr. Edwards is just a nice old man that lives alone.

"I have a package and I think it is for you," says Andrew.

"Ah yes! My reading glasses. Finally!" smiles Mr. Edwards. He holds his hands out. Andrew is confused. He looks at the dog. It seems to be smiling, too. He gives Mr. Edwards the box.

"It's good to see you," says Mr. Edwards.

"You too," says Andrew. Maybe he will visit Mr. Edwards another day. He turns around and goes home.

CHAPTER 2
Mardi Gras / Colors + Days of the Week

HANDLUNG

Frank tritt aus seiner Haustür. Sein neues Haus ist **violett** mit **blauen** Fenstern. Die Farben sind sehr hell für ein Haus. In New Orleans, seinem neuen Zuhause, sind Gebäude bunt.

Er ist neu in der Nachbarschaft. Frank hat noch keine Freunde. Das Haus neben ihm ist ein großes, **rotes** Gebäude. Eine Familie lebt dort. Frank starrt die Tür an, als ein Mann sie öffnet. Frank grüßt ihn.
"Hallo, Nachbar!" sagt George. Er winkt, Frank geht zum roten Haus.

"Hallo, ich bin Frank, der neue Nachbar", sagt Frank.

"Schön, dich kennenzulernen, mein Name ist George", sagt George. Die Männer schütteln sich die Hände. George hat eine Lichterkette in den Händen. Die Lichter sind **grün**, **lila** und **golden**.

"Wofür sind die Lichter?" fragt Frank.

"Du bist neu", lacht George. "Es ist Mardi Gras, wusstest du das nicht? Diese Farben repräsentieren den Karnevalsfeiertag hier in New Orleans."

"Oh, ja," sagt Frank. Frank weiß nichts über Mardi Gras. Er hat auch keine Freunde, mit denen er Pläne machen kann.

"Heute ist **Freitag**", sagt George. "Es gibt eine Parade namens Endymion. Wirst du mit mir und meiner Familie hingehen und zuschauen?"

"Ja," sagt Frank. "Wunderbar!"

George macht die Lichter an das Haus, Frank hilft George, George macht das Licht an, das Haus sieht festlich aus.

Die Familie und Frank gehen zur Parade. Während des Mardi Gras gibt es in New Orleans jeden Tag Paraden. Die Paraden während der Woche sind klein. Die Paraden am Wochenende, Samstag und Sonntag, sind groß, mit vielen Festwagen und Menschen. Es gibt einen König des Mardi Grases. Sein Name ist Rex.

Mardi Gras bedeutet Faschings**dienstag**. In England heißt es Fastnachtsdienstag. Der Feiertag ist katholisch. Es ist ein Tag vor Ascher**mittwoch**, der Beginn der Fastenzeit. Mardi Gras ist die Feier vor der Fastenzeit, einer ernsten Zeit. Ab **Donnerstag** sind die besonderen Tage vorbei. New Orleans ist berühmt für sein Mardi Gras. Menschen feiern und tragen Masken und Kostüme. Tatsächlich kann man eine Maske in New Orleans nur zu Mardi Gras tragen. Den Rest des Jahres ist es illegal!

George und seine Familie sehen mit Frank zu, wie die Parade beginnt. Frank ist überrascht. Viele Leute sehen zu, sie stehen im Gras. Festwagen passieren die Gruppe.

Festwagen sind große Strukturen mit Menschen und Dekorationen. Sie gehen die Straße hinunter, einer nach dem anderen.

Der erste Festwagen repräsentiert die Sonne. Er hat **gelbe** Verzierungen. Eine Frau in der Mitte trägt ein **weißes** Kleid. Sie sieht aus wie ein Engel. Sie wirft den Leuten **orange**farbene Spielzeuge und Perlen zu.

"Warum wirft sie die Spielsachen und Halsketten?", fragt Frank.

"Für uns!" sagt Hannah, Georges Frau. Hannah hält fünf Halsketten in ihren Händen. Einige Perlen liegen auf dem Boden. Niemand fängt sie. Sie sind schmutzig und **braun**.

Die Parade geht weiter. Es gibt viele Festwagen, und viele Perlen. George und seine Familie rufen: "Wirf etwas her, Meister!" Hannah füllt ihre **schwarze** Tasche mit bunten Spielzeugen und Perlen aus den Festwagen. Frank lernt "Wirf mir etwas zu" zu schreien, um Perlen für sich selbst zu bekommen.

Einer der großen Festwagen hat über 250 Personen. Er ist der größte der Welt.

Schließlich endet die Parade. Die Kinder und die Erwachsenen sind glücklich. Jeder geht nach Hause, Frank ist müde. Er ist außerdem hungrig und will essen. Er folgt George und seiner Familie ins **rote** Haus. Auf dem Tisch steht ein großer, runder Kuchen. Er sieht aus wie ein Ring, mit einem Loch in der Mitte. Auf dem Kuchen befindet sich **lila**, **grüne** und **gelbe** Glasur.

"Das ist Dreikönigskuchen", sagt Hannah. "Wir essen jeden Mardi Gras Dreikönigskuchen."

Hannah schneidet ein Stück Kuchen, sie gibt ein Stück George, ein Stück den Kinder, und ein Stück Frank. Frank probiert den Kuchen. Es ist köstlich! Es schmeckt wie Zimt, es ist weich, aber plötzlich beißt Frank in Plastik.

"Aua!" sagt Frank. Frank hört auf zu essen, er zieht ein Plastikbaby aus dem Kuchen.

"Es gibt noch eine weitere Tradition", sagt George. "Der Kuchen hat ein Baby in sich, die Person, die das Baby bekommt, kauft den nächsten Kuchen."

"Das bin ich!" sagt Frank.

Alle lachen. George lädt Frank zu einer weiteren Parade am **Montag** ein.

Frank geht glücklich nach Hause. Er liebt Mardi Gras.

VOKABELLISTE

Violett	violet
Blau	blue
Farben	colors
Rot	red
Grün	green
Lila	purple
Gold	gold
Freitag	Friaday
Woche	Week
Samstag	Saturday
Sonntag	Sunday
Dienstag	Tuesday
Mittwoch	Wednesday
Donnerstag	Thursday
Gelb	yellow
Weiß	white
Orange	orange
Braun	brown
Schwarz	black
Montag	Monday

FRAGEN

1) Wie würden Sie Franks neues Haus beschreiben?
    a) langweilig
    b) farbenfroh
    c) winzig
    d) einsam

2) Welche Farbe repräsentiert Mardi Gras in New Orleans?
    a) blau
    b) weiß
    c) orange
    d) Gold

3) Mardi Gras ist eine Feier:
    a) nur für Erwachsene.
    b) aus der Tradition der jüdischen Gemeide.
    c) in New Orleans berühmt.
    d) die man zu Hause feiert.

4) Was davon ist nicht auf einem Karnevalswagen?
    a) Menschen
    b) Computer
    c) Spielzeug
    d) Perlen

5) Was passiert, wenn Sie das Baby in einem Dreikönigskuchen finden?
    a) Sie weinen
    b) Sie müssen sich um das Baby kümmern
    c) geben es Ihrem Freund
    d) Sie müssen einen Königskuchen kaufen

ANTWORTEN

1) Wie würden Sie Franks neues Haus beschreiben?
    a) langweilig

2) Welche Farbe repräsentiert Mardi Gras in New Orleans?
    d) Gold

3) Mardi Gras ist eine Feier:
    c) in New Orleans berühmt.

4) Was davon ist nicht auf einem Karnevalswagen?
    b) Computer

5) Was passiert, wenn Sie das Baby in einem Dreikönigskuchen finden?
    d) Sie müssen einen Dreikönigskuchen kaufen.

Translation of the Story
Mardi Gras

STORY

Frank steps out his front door. His new house is **violet** with **blue** windows. The **colors** are very bright for a house. In New Orleans, his new home, buildings are colorful.

He is new to the neighborhood. Frank does not have any friends yet. The house next to him is a tall, **red** building. A family lives there. Frank stares at the door, and a man opens it. Frank says hello.

"Hello, neighbor!" says George. He waves. Frank walks to the red house.
"Hi, I'm Frank, the new neighbor," says Frank.

"Nice to meet you. My name is George," George says. The men shake hands. George has a string of lights in his hands. The lights are **green**, **purple** and **gold**.

"What are the lights for?" asks Frank.

"You *are* new," laughs George. "It's Mardi Gras, didn't you know? These colors represent the holiday of carnival here in New Orleans."

"Oh, yes," says Frank. Frank does not know about carnival. He also has no friends to make plans with.

"Today is **Friday**," says George. "There is a parade called Endymion. Will you come with me and the family to watch?"

"Yes," Frank says. "Wonderful!"

George puts the lights on the house. Frank helps George. George turns on the lights. The house looks festive.

The family and Frank go to the parade. During Mardi Gras in New Orleans, there are parades every day. The parades during the **week** are small. The parades on the weekend, **Saturday** and **Sunday**, are big, with many floats and people. There is a king of Mardi Gras. His name is Rex.

Mardi Gras means 'Fat **Tuesday'.** In England, it is called Shrove Tuesday. The holiday is Catholic. It is one day before Ash **Wednesday**, the beginning of Lent. Mardi Gras is the celebration before Lent, a serious time. By **Thursday**, the special days are finished. New Orleans is famous for its Mardi Gras. People have parties and wear masks and costumes. In fact, you can only wear a mask in New Orleans on Mardi Gras. The rest of the year it is illegal!

George and his family watch the parade begin with Frank. Frank is surprised. There are many people watching. They stand in the grass. Floats pass the group. Floats are big structures with people and decorations. They go down the street, one by one.

The first float represents the sun. It has **yellow** decorations. A woman in the middle wears a **white** dress. She looks like an angel. She throws **orange** toys and beads to the people.

"Why does she throw the toys and necklaces?" asks Frank.

"For us!" says Hannah, George's wife. Hannah holds five necklaces in her hands. Some beads are on the ground. Nobody catches them. They are dirty and **brown**.

The parade continues. There are many floats, and many beads. George and his family shout, "Throw me something, mister!" Hannah fills her **black** bag with colorful toys and beads from the floats. Frank learns to shout "Throw me something!" to get beads for himself.

One big float has over 250 people on it. It is the largest in the world.

Finally, the parade ends. The children and the adults are happy. Everyone goes home. Frank is tired. He is also hungry and wants to eat. He follows George and his family into the **red** house. There is a big, round cake on the table. It looks like a ring, with a hole in the middle. The cake has **purple**, **green** and **yellow** frosting on top.

"This is king cake," Hannah says. "We eat king cake every Mardi Gras."

Hannah cuts a piece of cake. She gives one piece to George, one piece to the children, and one piece to Frank. Frank tastes the cake. It is delicious! It tastes like cinnamon. It is soft. But suddenly Frank bites into plastic.

"Ouch!" says Frank. Frank stops eating. He pulls a plastic baby out of the cake.

"There is one more tradition," says George. "The cake has a baby in it. The person who gets the baby buys the next cake."

"That's me!" Frank says.

Everyone laughs. George invites Frank to another parade on **Monday.**

Frank goes home happy. He loves Mardi Gras.

CHAPTER 3
Weird Weather / Weather

HANDLUNG

Ivan ist zwölf Jahre alt. Er besucht seine Großeltern am Wochenende. Er liebt es, seine Großeltern zu besuchen. Oma gibt ihm jeden Tag Kekse und Milch. Opa bringt ihm tolle Sachen bei. Dieses Wochenende geht er zu ihnen.

Es ist Februar. Wo Ivan ist, ist es **Winter**. Im Februar **schneit** es gewöhnlich. Ivan liebt den Schnee. Er spielt darin und rollt ihn zu Bällen. Dieses Februarwochenende ist das Wetter anders. Die Sonne scheint; es ist **sonnig** und fast **heiß**! Ivan trägt ein T-Shirt zum Haus seiner Großeltern.

"Hi, Opa! Hi, Oma!" sagt Ivan.
"Hallo, Ivan!" sagt Oma.

"Ivan! Wie geht's dir?" fragt Opa.

"Mir geht es gut", sagt er und umarmt seine Großeltern. Ivan verabschiedet sich von seiner Mutter.

Sie gehen ins Haus. "Dieses Wetter ist seltsam", sagt Oma. "Februar ist immer **kalt** und **wolkig**. Ich verstehe es nicht!"

"Es ist der **Klimawandel**", sagt Ivan. In der Schule lernt Ivan etwas über Umweltverschmutzung und Müll. Das Wetter ändert sich aufgrund von Veränderungen in der

Atmosphäre. Der Klimawandel ist der Unterschied im Wetter im Laufe der Zeit.

"Ich weiß nichts über den Klimawandel", sagt Opa. "Ich **sage** das Wetter nach dem, was ich sehe **voraus**."

"Was meinst du damit?" fragt Ivan.

"Heute Morgen ist der **Himmel** rot", sagt Opa, "daher weiß ich, dass ein **Sturm** kommt."

"Wie?" fragt Ivan.

"Roter Himmel am Morgen, Seeleute sind gewarnt, roter Himmel in der Nacht, Seemannsfreude", Opa erzählt Ivan von diesem Sprichwort.

Wenn der Himmel bei Sonnenaufgang rot ist, bedeutet das, dass Wasser in der Luft ist. Das Licht der Sonne leuchtet rot. Der Sturm kommt auf dich zu. Wenn der Himmel bei Sonnenuntergang rot ist, geht das schlechte Wetter. Ohne **Wetterexperten** beobachten die Menschen den Himmel nach Hinweisen über das Wetter.

"Wie sagen Wetterexperten das Wetter voraus?", fragt Ivan.

"Sie schauen sich Muster in der Atmosphäre an", sagt Oma. "Sie schauen auf die Temperatur, ob es heiß oder kalt ist. Und sie schauen auf den Luftdruck, was in der Atmosphäre passiert."

"Ich prognostiziere das Wetter anders", sagt Opa. "Ich weiß zum Beispiel, dass es heute **regnen** wird."

"Wie?" fragt Ivan.
"Die Katze", sagt Opa. Ivan sieht die Katze an. Die Katze öffnet den Mund und sagt HATSCHI.

"Wenn die Katze niest oder schnarcht, bedeutet das, dass Regen kommt", sagt Opa. "Es mag **nieseln** oder es mag sehr **regnerisch** sein, aber es wird regnen."

Plötzlich hören sie ein lautes Geräusch. Ivan schaut aus dem Fenster. Regentropfen fallen schwer, der Regen ist laut. Ivan kann nicht hören, was sein Großvater sagt.

"Was?" sagt Ivan.

"Es regnet in Strömen", sagt Opa, lächelnd.

"Ha!" lacht Ivan.
"Ich kenne einen anderen Weg, das Wetter zu sagen", sagt Oma.

Oma beobachtet die Spinnen, um zu sehen, wann das Wetter kalt sein wird. Am Ende des **Sommers** ändert sich das Wetter. Der **Herbst** bringt frische, kühle Luft. Oma weiß, wenn Spinnen reinkommen, bedeutet das, dass kaltes Wetter kommt. Spinnen machen es sich vor dem Winter drinne gemütlich. So weiß Oma, wann das Winterwetter kommt.

Der Regen hört auf, Großvater und Ivan gehen raus. Opa und Oma leben in einem Haus im Wald. Das Haus hat Bäume um sich herum, es ist ein kleines Haus. Ivan ist kalt in seinem T-Shirt. Das Wetter ist nicht sonnig. Die

Luft bewegt sich, es ist **windig**. Der Wind bläst durch Ivans Haar.

"Jetzt ist es **kalt**", sagt Ivan.
"Ja", sagt Opa. "Wie hoch ist die Temperatur?"

"Keine Ahnung", sagt Ivan. "Ich habe kein Thermometer."

"Du brauchst keins", sagt Opa. Großvater sagt Ivan, er soll zuhören. Ivan hört ein Geräusch: Kri-Kri-Kri-Kri. Es ist ein Insekt. Das Kri-Kri-Kri ist der Klang von Grillen, erklärt Großvater Ivan. Ivan zählt das Kri für 14 Sekunden. Großvater fügt 40 zu dieser Zahl hinzu. Das ist die Temperatur draußen. Ivan wusste nicht, Grillen sind wie Thermometer.

Oma kommt aus dem Haus. Sie lächelt, sie sieht Ivan beim Zählen des Grillengeräusches zu. "Zeit für Kekse und Milch!" sagt sie.

"Hurra!" sagt Ivan.
"Oh, schau!" sagt Oma. "Es ist ein Regenbogen." Der Regenbogen geht vom Haus bis zum Wald. Er hat viele Farben: rot, orange, gelb, blau und grün. Der Regenbogen ist wunderschön, Oma, Opa und Ivan schauen sich den Regenbogen an. Er verschwindet und sie gehen hinein.

"Kekse und Milch für alle", sagt Oma. Sie gibt Ivan einen warmen Schokoladenkeks.

"Nicht für mich", sagt Opa. "Ich will Tee."

"Warum Tee?" sagt Oma. Sie hält zwei Gläser mit Milch in den Händen.

"Ich **fühle** mich **nicht wohl**", sagt Opa. Er lacht, Ivan und Oma lachen mit ihm.

VOKABELLISTE

Winter	winter
schneien	to snow
Wetter	weather
sonnig	sunny
heiß	hot
kalt	cold
wolkig	cloudy
Klimawandel	climate change
Atmosphäre	atmosphere
voraussagen	predict
Himmel	sky
Sturm	storm
Wetterexperten	weathermen
nieseln	drizzle
regnerisch	rainy
In Strömen regnen	raining cats and dogs
Sommer	summer
Herbst	autumn
windig	windy
Temperatur	temperature
Thermometer	thermometer
Regenbogen	rainbow
nicht wohlfühlen	under the weather

FRAGEN

1) Wie ist das Wetter im Februar normalerweise?
    a) heiß
    b) kalt
    c) sonnig
    d) frisch

2) Woher weiß Opa, wie das Wetter sein wird?
    a) er sieht Fernsehen
    b) Wetterexperten
    c) er beobachtet die Natur
    d) er sagt das Wetter vorraus

3) Was bedeutet es, in Strömen zu regnen?
    a) es regnet Ströme
    b) es regnet nur ein wenig
    c) Flüsse fließen schneller
    d) es regnet sehr stark

4) Was bedeutet es, wenn Spinnen reinkommen?
    a) sie sind hungrig
    b) sie sind bereit, Eier zu legen
    c) Kälte kommt auf uns zu
    d) warmes Wetter kommt

5) Warum bittet Opa um Tee statt Milch?
    a) er fühlt sich etwas krank
    b) er ist allergisch gegen Milch
    c) er will ein heißes Getränk
    d) um Oma wütend zu machen

ANTWORTEN

1) Wie ist das Wetter im Februar normalerweise?
    b) kalt

2) Woher weiß Opa, wie das Wetter sein wird?
    d) er sagt das Wetter vorraus

3) Was bedeutet es, in Strömen zu regnen?
    d) es regnet sehr stark

4) Was bedeutet es, wenn Spinnen reinkommen?
    c) Kälte kommt auf uns zu

5) Warum bittet Opa um Tee statt Milch?
    a) er fühlt sich etwas krank

Translation of the Story
Weird Weather

STORY

Ivan is twelve years old. He visits his grandparents on the weekend. He loves to visit his grandparents. Grandma gives him cookies and milk every day. Grandpa teaches him neat things. This weekend he goes to their house.

It is February. Where Ivan is, it is **winter**. In February, it usually **snows**. Ivan loves the snow. He plays in it and rolls it into balls. This February weekend, the **weather** is different. The sun is shining; it is **sunny** and almost **hot**! Ivan wears a T-shirt to his grandparent's house.

"Hi, Grandpa! Hi, Grandma!" Ivan says.
"Hello, Ivan!" Grandma says.

"Ivan! How are you?" says Grandpa.

"I'm good," he says, and he hugs his grandparents. Ivan says goodbye to his mom.

They go into the house. "This weather is strange," says Grandma. "February is always **cold** and **cloudy**. I don't understand!"

"It is **climate change**," says Ivan. In school, Ivan learns about contamination and pollution. The weather changes because of changes in the **atmosphere**. Climate change is the difference in the weather over time.

"I don't know about climate change," says Grandpa. "I **predict** the weather by what I see."
"What do you mean?" asks Ivan.

"This morning, the **sky** is red," says Grandpa. "This means I know a **storm** is coming."

"How?" asks Ivan.

"Red sky in the morning, sailors take warning. Red sky at night, sailor's delight." Grandpa tells Ivan about this saying.

If the sky is red at sunrise, it means there is water in the air. The light of the sun shines red. The storm is coming towards you. If the sky is red at sunset, the bad weather is leaving. Without **weathermen**, people watch the sky for clues about the weather.

"How do weathermen predict the weather?" asks Ivan.

"They look at patterns in the atmosphere," says Grandma. "They look at temperature, if it is hot or cold. And they look at air pressure, what is happening in the atmosphere."

"I predict the weather differently," says Grandpa. "For example, I know today it will **rain**."

"How?" asks Ivan.

"The cat," says Grandpa. Ivan looks at the cat. The cat opens its mouth and says 'ah-CHOO'.

"When the cat sneezes or snores, that means rain is coming," says Grandpa. It may **drizzle** or it may be very **rainy**, but it will rain."
Suddenly, they hear a loud sound. Ivan looks out the window. Drops of rain are falling hard. The rain is loud. Ivan can't hear what his Grandpa says.

"What?" says Ivan.

"It's **raining cats and dogs,**" says Grandpa, smiling.

"Ha!" laughs Ivan.

"I know another way to tell the weather," says Grandma.

Grandma watches the spiders to see when the weather will be cold. At the end of **summer**, the weather changes. **Autumn** brings fresh, cool air. Grandma knows that when spiders come inside, it means cold weather is coming. The spiders make a house inside before winter. That is how grandma knows when the winter weather comes.

The rain stops. Grandpa and Ivan go out. Grandpa and Grandma live in a house in the forest. The house has trees around it. It is a small house. Ivan is cold in his T-shirt. The weather is not sunny. The air is moving. It is **windy**. The wind blows through Ivan's hair.

"It is **cold** now," says Ivan.

"Yes," says Grandpa. "What is the temperature?"

"I don't know," says Ivan. "I don't have a thermometer."

"You don't need one," says Grandpa. Grandpa tells Ivan to listen. Ivan hears a sound: *cri-cri-cri*. It is an insect. The *cri-cri-cri* is the sound of crickets. Grandpa teaches Ivan. Ivan counts the *cri* for fourteen seconds. Grandpa adds 40 to that number. That is the temperature outside. Ivan did not know crickets were like thermometers.

Grandma comes out of the house. She smiles. She watches Ivan counting the *cri* sound. "Time for cookies and milk!" she says.

"Yay!" says Ivan.

"Oh, look!" says Grandma. "It's a rainbow." The rainbow goes from the house to the forest. It has many colors: red, orange, yellow, blue and green. The rainbow is beautiful. Grandma, Grandpa and Ivan watch the rainbow. It disappears and they go inside.
"Cookies and milk for everyone," says Grandma. She gives Ivan a warm chocolate cookie.

"Not for me," says Grandpa. "I want tea."

"Why tea?" says Grandma. She has two milks in her hand.

"I'm feeling **under the weather**," says Grandpa. He laughs. Ivan and Grandma laugh with him.

German Dialogues for Beginners
Book 2

Over 100 Daily Used Phrases and Short Stories to Learn German in Your Car. Have Fun and Grow Your Vocabulary with Crazy Effective Language Learning Lessons

www.LearnLikeNatives.com

CHAPTER 4
John's Homework / School + Classroom

HANDLUNG

Frau Kloss ist **Lehrerin** der 4. Klasse. Sie unterrichtet an der Homewood Grundschule. Die **Schule** befindet sich in einem roten Backsteingebäude. Es ist in einer Kleinstadt.

Frau Kloss hat eine Klasse von 15 Schülern. Ihre **Schüler** sind Jungen und Mädchen. Sie sind normalerweise gute Schüler. Frau Kloss hat eine Routine. Ihre Schüler beginnen den Tag an ihren **Pulten**, in ihren **Stühlen** sitzend. Frau Kloss ruft zum Appell auf.

"Louise?" sagt sie.

"Hier!" ruft Louise.

"Mike?" sagt Frau Kloss.

"Anwesend", sagt Mike.

"John?" sagt Frau Kloss.

"Hier, Frau Kloss", sagt John.

Und so beginnt Frau Kloss nach dem Appell den Tag mit **Mathe**. Für ihre Schüler ist Mathe schwierig. Die Klasse hört Frau Kloss beim unterrichten zu. Sie sehen, wie sie auf die **Tafel** schreibt. Manchmal löst ein Schüler ein Problem vor der Klasse. Sie verwenden **Kreide**, um die Lösung aufzuschreiben. Die anderen Schüler lösen die Probleme in ihren **Heften**.

Jedermanns Lieblingszeit ist die Mittagszeit. Die Klasse geht in den Speisesaal. Sie haben zwei Möglichkeiten: Eine Möglichkeit ist eine gesunde Mahlzeit aus Fleisch und Gemüse. Die andere Möglichkeit ist Pizza oder Hamburger, einige Schüler bringen ein Mittagessen von zu Hause mit.

Am Nachmittag lernen sie **Geschichte**. Freitags haben sie Natur**wissenschaften** im **Labor**. Sie machen **Experimente**, wie das Züchten von Pflanzen aus einem Stück Kartoffel.

Frau Kloss gibt ihren Schülern jeden Tag **Hausaufgaben**. Sie nehmen die Aufgaben mit nach Hause, sie lernen abends. Am nächsten Tag bringen sie die Hausaufgaben zur Schule. Die einzige Entschuldigung für unvollständige Hausaufgaben ist eine Mitteilung von den Eltern.

Eines Tages bespricht die Klasse die **Englisch** Hausaufgaben gemeinsam.

"An alle, bringt bitte eure **Unterlagen** an meinen Schreibtisch", sagt Frau Kloss. Jeder bringt seine Hausaufgaben zu Frau Kloss. Alle außer John.

"John, wo ist deine Hausaufgabe?" fragt Frau Kloss.

Johns Gesicht ist sehr rot, er ist nervös.

"Ich habe sie nicht", sagt John.
"Hast du eine Entschuldigung von deinen Eltern?" fragt Frau Kloss.

"Nein", sagt John.

"Warum hast du deine Hausaufgaben nicht gemacht?" fragt Frau Kloss. John sagt etwas sehr leise.

"Was? Wir können dich nicht hören", sagt Frau Kloss. Sie schenkt John ein freundliches Lächeln. Er wirkt nervös.

"Mein Hund hat meine Hausaufgaben gefressen", sagt John. Frau Kloss und die anderen Schüler lachen. Diese Begründung ist die typischste Ausrede dafür, Arbeit nicht erledigt zu haben.

"Ist sie in deinem **Rucksack**? Oder vielleicht dein **Spind**?" fragt Frau Kloss. Sie will John helfen.

"Nein, mein Hund hat sie gefressen!" behauptet John.

"Das ist die **älteste Ausrede der Welt**", sagt Frau Kloss.

"Es ist wahr!" sagt John. John ist ein guter Schüler. Normalerweise schreibt er **glatte Einsen**. Frau Kloss will John nicht ins **Rektorzimmer** schicken, weil er gelogen hat. Sie glaubt John nicht, aber sie beschließt, ihm eine weitere Chance zu geben.

"Bring die Hausaufgaben morgen", sagt Frau Kloss. "Hier ist eine weitere Kopie." John nimmt die

Arbeitsblätter und dankt Frau Kloss. Die Klasse wendet sich ihren **Kunst**heften zu. Heute zeichnen sie im Kunstunterricht ein Bild mit Bunt**stiften**. Die Schüler lieben den Kunstunterricht. Es ist eine Chance zu entspannen. Sie zeichnen und zeichnen, bis die **Klingel** läutet. Die Schule ist vorbei.

Die Schüler sprechen in den Gängen. Sie tauschen Notizen aus. Die Schüler der 4. Klasse warten draußen. Ihre Eltern holen sie ab. Einige von ihnen sind zu Fuß unterwegs. Manche von ihnen sind mit Autos gekommen. Die Lehrer helfen ihnen, ihre Eltern zu finden.

Frau Kloss beendet ihre Arbeit. Sie packt ihren **Laptop** in ihre Tasche. Ihr Klassenzimmer ist sauber und leer. Sie geht nach draußen. Als sie zu ihrem Auto geht, sieht sie John und seinen Vater. Johns Vater holt ihn mit seinem Hund ab. Frau Kloss winkt John und seinem Vater zu.

"Hallo, John!" sagt Frau Kloss.

"Guten Tag, Frau Kloss", sagt John.

"Ist das der Hund, der deine Hausaufgaben gefressen hat?" fragt Frau Kloss. Sie lächelt, damit John weiß, dass sie scherzt.

"Ja, Frau Kloss", sagt Johns Vater. "Danke für Ihr Verständnis, John macht sich solche Sorgen, Ärger zu bekommen!"

Frau Kloss ist verblüfft! Diesmal hat der Hund wirklich die Hausaufgaben gefressen.

VOKABELLISTE

Lehrer	teacher
Schule	school
Klasse	class
Schüler	students
Pult	desk
Stuhl	chair
Appell	roll call
Mathe	math
Tafel	blackboard
Kreide	chalk
Heft	notebook
Geschichte	history
Wissenschaft	science
Labor	lab
Experiment	experiment
Hausaufgabe	homework
Englisch	English
Unterlagen	papers
Rucksack	backpack
Spind	locker
die älteste Ausrede der Welt	the oldest excuse in the book
glatte Einsen	straight A's
Rektorzimmer	principal's office
Arbeitsblätter	worksheet
Stifte	pencils
Klingel	bell
Laptop	laptop

FRAGEN

1) Wie beginnt der Tag in Frau Kloss' Klasse?
    a) die Schüler stehen und rufen
    b) mit einer Hausaufgabe
    c) Appell
    d) Frau Kloss ruft

2) Was ist die Lieblingstageszeit aller an der Homewood Grundschule?
    a) Appell
    b) Mittagszeit
    c) Matheunterricht
    d) nachdem die Klingel läutet

3) Warum sagt Frau Kloss, dass Johns Entschuldigung die älteste auf der Welt ist?
    a) weil jeder diese Ausrede nutzt
    b) John der älteste in der Klasse ist
    c) weil die Welt rund ist
    d) sein Hund sieben Jahre alt ist

4) Was muss man haben, wenn man seine Hausaufgaben nicht macht?
    a) ein wissenschaftliches Experiment
    b) eine gute Entschuldigung
    c) nichts, es ist in Ordnung
    d) eine Mitteilung der Eltern

5) Warum ist Frau Kloss am Ende der Geschichte überrascht?
    a) sie erkennt, dass John die Wahrheit sagte

b) Johns Hund ist eigentlich ein Pferd
c) John spricht nicht mit ihr
d) Johns Vater sieht aus wie John

ANTWORTEN

1) Wie beginnt der Tag in Frau Kloss' Klasse?
   c) Appell

2) Was ist die Lieblingstageszeit aller an der Homewood Grundschule?
   b) Mittagszeit

3) Warum sagt Frau Kloss, dass Johns Entschuldigung die älteste der Welt ist?
   a) weil jeder diese Entschuldigung nutzt

4) Was muss man haben, wenn man seine Hausaufgaben nicht macht?
   d) eine Mitteilung der Eltern

5) Warum ist Frau Kloss am Ende der Geschichte überrascht?
   a) sie erkennt, dass John die Wahrheit sagte

Translation of the Story
John's Homework

STORY

Mrs. Kloss is a grade 4 **teacher**. She teaches at Homewood Elementary School. The **school** is in a red brick building. It is in a small town.

Mrs. Kloss has a **class** of 15 students. Her **students** are boys and girls. They are usually good students. Mrs. Kloss has a routine. Her students start the day at their **desks**, seated in their **chairs**. Mrs. Kloss calls **roll call**.

"Louise?" she says.

"Here!" shouts Louise.
"Mike?" says Mrs. Kloss.

"Present," says Mike.

"John?"

"Here, Mrs. Kloss," John says.

And so on. After roll call, Mrs. Kloss starts the day with **math**. For her students, math is difficult. The class listens to Mrs. Kloss teach. They watch as she writes on the **blackboard**. Sometimes, one student solves a problem in front of the class. They use **chalk** to write out the solution. The other students do the problems in their **notebooks**.

Everyone's favorite time is lunch time. The class goes to the lunchroom. They have two choices. One choice is a healthy meal of meat and vegetables. The other choice is pizza or hamburgers. Some students bring a lunch from home.

In the afternoon, they study **history**. On Fridays, they have **science** class in the **lab**. They do **experiments**, like growing plants from a piece of potato.

Mrs. Kloss gives her students **homework** every day. They take the work home. They work at night. The next day, they bring it to school. The only excuse for incomplete homework is a note from their parents.

One day, the class reviews the **English** homework together.

"Everyone, please bring your **papers** to my desk," says Mrs. Kloss. Everyone brings their homework to Mrs. Kloss. Everyone except for John.

"John, where is your homework?" says Mrs. Kloss.

John's face is very red. He is nervous.

"I don't have it," says John.

"Do you have a note from your parents?" asks Mrs. Kloss.

"No," says John.

"Why didn't you do your homework, then?" asks Mrs. Kloss. John says something very quietly.

"What? We can't hear you," says Mrs. Kloss. She gives John a kind smile. He looks nervous.

"My dog ate my homework," says John. Mrs. Kloss and the other students laugh. This excuse is the most typical excuse for not having work done.

"Is it in your **backpack**? Or maybe your **locker**?" asks Mrs. Kloss. She wants to help John.

"No, my dog ate it!" insists John.

"That's the **oldest excuse in the book**," says Mrs. Kloss.

"It is true!" says John. John is a good student. He usually makes **straight A's**. Mrs. Kloss does not want to send Jon to the **principal's office** for lying. She does not believe John, but she decides to give him another chance.

"Bring the homework tomorrow," says Mrs. Kloss. "Here is another copy." John takes the **worksheet** and thanks Mrs. Kloss. The class turns to their **art** notebook. Today in art class they are drawing a picture with colored **pencils**. Students love art class. It is a chance to relax. They draw and draw until the **bell** rings. School is over.

Students talk in the hallways. They exchange notes. The Grade 4 students wait outside. Their parents pick them up. Some of them are on foot. Some of them are in cars. The teachers help them to find their parents.

Mrs. Kloss finishes her work. She packs her **laptop** into her bag. Her classroom is clean and empty. She goes outside. As she walks to her car, she see John and his dad. John's father picks him up with their dog. Mrs. Kloss waves to John and his father.

"Hello, John!" says Mrs. Kloss.

"Good afternoon, Mrs. Kloss," John says.

"Is this the dog that ate your homework?" asks Mrs. Kloss. She smiles, so John knows she is teasing.

"Yes, Mrs. Kloss," says John's father. "Thank you for understanding. John is so worried about getting in trouble!"

Mrs. Kloss is shocked! This time, the dog really did eat the homework.

CHAPTER 5
Thrift Store Bargain / house and furniture

HANDLUNG

Louise und Mary sind beste Freundinnen. Sie sind auch **Mitbewohnerinnen**. Sie teilen sich eine **Wohnung** im Zentrum der Stadt. Heute wollen sie **Möbel** für ihr **Zuhause** kaufen. Louise und Mary sind beide Studentinnen. Sie haben nicht viel Geld.

"Wo können wir einkaufen?" fragt Louise Mary.

"Wir brauchen viele Möbel", sagt Mary. Sie macht sich Geldsorgen.
"Ich weiß," sagt Louise. "Wir müssen eine **Schnäppchen** machen."

"Ich habe eine Idee. Lass uns in den Secondhandladen gehen", sagt Mary.

"Gute Idee!" sagt Louise.

Die beiden Mädchen fahren das Auto zum Secondhandladen. Es ist ein riesiger Laden. Das Gebäude ist größer als zehn **Häuser**.

Die Mädchen parken das Auto, der Parkplatz ist leer.

"Toll", sagt Louise. "Der Laden ist sehr groß."

"Total", sagt Mary. "Und hier ist niemand."
"Wir werden die Einzigen sein", sagt Louise. "Wir können **es uns gemütlich machen**."

Die Mädchen gehen in den Laden. Der Laden hat alles. Rechts ist der **Küchen**bereich. Es gibt große **Kühlschränke** und alte **Mikrowellen** in den **Regalen**. Es gibt **Toaster** in allen Farben. Die Preise sind gut. Eine Mikrowelle kostet nur 10$.

Alles ist recht günstig. Die Gegenstände sind gebraucht und aus zweiter Hand. Allerdings finden Mary und Louise Gegenstände, die sie mögen. Es gibt mehr als ein Dutzend Sofas. Mary und Louise brauchen ein **Sofa**. Sie verbringen Zeit damit, über die verschiedenen Sofas zu sprechen. Mary mag ein braunes Ledersofa. Louise mag ein großes lila Sofa. Sie können sich nicht einigen. Louise sieht einen lila **Stuhl**. Die Mädchen entscheiden sich für das lila Sofa und den Stuhl, damit sie zusammenpassen. Es ist perfekt für ihr Zuhause.

"Ich brauche ein **Bett** für mein **Schlafzimmer**", sagt Louise.

Die Mädchen gehen zum Schlafbereich. Zuerst passieren sie die Kunstabteilung.

"Wir brauchen etwas für die **Wände**", sagt Louise. Mary stimmt zu. Es gibt große Gemälde, kleine Gemälde, leere **Rahmen** und Fotografien in Rahmen. Louise entscheidet sich für ein großes, abstraktes Gemälde. Es hat Linien von gespritzter roter, blauer und schwarzer Farbe.

"Ich kann so malen", sagt Mary. "Es sieht aus wie ein Kinderbild."

"Es kostet nur fünf Dollar", sagt Louise.

"Ach, okay!" sagt Mary.

Die Mädchen beenden ihren Einkauf. Louise findet auch eine **Lampe** für ihr Schlafzimmer. Ihr Schlafzimmer ist zu dunkel. Mary wählt einen **Teppich** für das **Badezimmer**. Die Mädchen sind sehr glücklich. Sie geben nur 100$ für die gesamte Einrichtung aus.

"Deshalb ist das Einkaufen im Gebrauchtwarenladen ein Schnäppchen", sagt Louise.

"Ja, wir haben **alles Mögliche** eingekauft!" sagt Mary.

Mary und Louise haben eine Party in ihrer Wohnung in dieser Nacht. Es ist eine Party, um Freunde willkommen zu heißen. Mary und Louise wollen ihre neuen Möbel zeigen.

Die Türklingel läutet. Mary öffnet die **Tür**. Nick ist der Erste, der ankommt. Nick ist Marys Freund. Nick ist auch Student. Er studiert Kunstgeschichte.

"Hallo, Mädels", sagt Nick: "Danke für die Einladung."

"Komm rein, Nick!" sagt Mary. Nick tritt ins **Foyer** und sie umarmt ihn.

"Willst du unsere neuen Sachen sehen?" fragt Louise.

"Ja!" sagt Nick.

Louise und Mary zeigen Nick die Wohnung. Sie sind glücklich mit dem **Wohnzimmer**. Das neue Sofa, der Stuhl und das Gemälde sehen toll aus.

"All das ist aus dem Gebrauchtwarenladen", sagt Mary. Sie ist stolz.

Nick geht zum Gemälde: "Ich mag dieses Gemälde", sagt er.

"Ich auch", sagt Louise. "Ich habe es gewählt."

"Es erinnert mich an Jackson Pollock", sagt Nick.

"Wer ist Jackson Pollock?" fragt Mary.
"Er ist ein sehr berühmter Maler", sagt Nick. "Er spritzt Farbe auf Leinwände. Genau wie dieses." Nick schaut sich das Gemälde genau an.

"Ist es unterschrieben?" fragt er. Louise schüttelt ihren Kopf. "Dann schauen wir mal dahinter."

Sie nehmen das Bild aus dem Rahmen und drehen es um. Sie sind alle still. Auf der Unterseite befindet sich eine Unterschrift, die wie Jackson Pollocks aussieht.

"Wie viel hast du dafür bezahlt?" fragt Nick.

"Etwa fünf Dollar", sagt Louise.

"Das ist wahrscheinlich mindestens 10 Millionen Dollar wert", sagt Nick. Er ist schockiert. Mary schaut Louise an. Louise schaut Mary an.
"Will jemand ein Glas Champagner?", sagt Mary.

Also das ist ein Schnäppchen!

VOKABELLISTE

Mitbewohner	roommates
Wohnung	apartment
Möbel	furniture
Zuhause	home
Schnäppchen	bargain
Secondhandladen	thrift store
Haus	house
es sich gemütlich machen	make ourselves at home
Küche	kitchen
Kühlschränke	refrigerators
Mikrowellen	microwaves
Regale	shelves
Toaster	toasters
Stuhl	chair
Tisch	table
Sofa	sofa
Bett	bed
Schlafzimmer	bedroom
Wand	wall
Rahmen	frame
Lampe	lamp
Teppich	carpet
Badezimmer	bathroom
alles Mögliche	everything but the kitchen sink
Tür	door
Foyer	foyer
Wohnzimmer	living room

FRAGEN

1) Warum gehen Mary und Louise in den Gebrauchtwarenladen?
    a) Sie brauchen Geld.
    b) Sie brauchen Möbel, haben aber nicht viel Geld.
    c) Sie haben Möbel zu verkaufen.
    d) Sie wollen Spaß haben.

2) Warum sind die Preise im Gebrauchtwarengeschäft so niedrig?
    a) Es ist Verkaufszeit.
    b) Es schließt.
    c) Die Sachen sind gebraucht.
    d) Die Preise sind normal, nicht niedrig.

3) Welche der folgenden Artikel gehört in eine Küche?
    a) Bett
    b) Mikrowelle
    c) Dusche
    d) Sofa

4) Woher weiß Nick so viel über das Gemälde?
    a) Er ist ein professioneller Kunsthändler.
    b) Das Bild gehört Nick.
    c) Er studiert Kunstgeschichte.
    d) Er las ein Buch.

5) Am Ende sind Mary und Louise ...
    a) traurig.
    b) überrascht und reich.
    c) wütend auf Nick.
    d) zu müde für eine Party.

ANTWORTEN

1) Warum gehen Mary und Louise in den Gebrauchtwarenladen?
   b) Sie brauchen Möbel, haben aber nicht viel Geld.

2) Warum sind die Preise im Gebrauchtwarengeschäft so niedrig?
   c) Die Sachen sind gebraucht.

3) Welche der folgenden Artikel gehört in eine Küche?
   b) Mikrowelle

4) Woher weiß Nick so viel über das Gemälde?
   c) Er studiert Kunstgeschichte.

5) Am Ende sind Mary und Louise...
   b) überrascht und reich.

Translation of the Story
Thrift Store Bargain

STORY

Louise and Mary are best friends. They are also **roommates**. They share an **apartment** in the center of town. Today they want to shop for **furniture** for their **home**. Louise and Mary are both students. They do not have much money.

"Where can we shop?" Louise asks Mary.

"We need a lot of furniture," Mary says. She is worried about money.

"I know," says Louise. "We need to find a **bargain**."
"I have an idea. Let's go to the thrift store!" says Mary.

"Great idea!" says Louise.

The two girls drive the car to the thrift store. It is a giant store. The building is bigger than ten **houses**.

The girls park the car. The parking lot is empty.

"Wow," says Louise. "The store is very big."

"Totally," says Mary. "And there is nobody here."

"We will be the only people," says Louise. "We can **make ourselves at home**."

The girls walk into the store. The store has everything. On the right, there is the **kitchen** section. There are tall **refrigerators** and old **microwaves** on the **shelves**. There are **toasters** of all colors. The prices are good. A microwave costs only $10.

Everything is a bargain. The items are used and second-hand. However, Mary and Louise find items that they like. There are more than a dozen sofas. Mary and Louise need a **sofa**. They spend time talking about the different sofas. Mary likes a brown leather sofa. Louise likes a big purple sofa. They cannot decide. Louise sees a purple **chair**. The girls decide to get the purple sofa and chair so that they match. It is perfect for their home.

"I need a **bed** for my **bedroom**," says Louise.

The girls walk to the bedroom area. First, they pass the art section.

"You know, we need something for the **walls**," says Louise. Mary agrees. There are big paintings, small paintings, empty **frames**, and photographs in frames. Louise decides on a big, abstract painting. It has lines of splattered red, blue, and black paint.

"I can paint like that," says Mary. "It looks like a child's painting."

"It's only five dollars," says Louise.

"Oh, ok!" says Mary.

The girls finish shopping. Louise also finds a **lamp** for her bedroom. Her bedroom is too dark. Mary chooses a **carpet** for the **bathroom**. The girls are very happy. They spend only $100 dollars for all the furniture.

"That is why shopping at the thrift store is a bargain," says Louise.

"Yes, we got **everything but the kitchen sink**!" says Mary.

Mary and Louise have a party in their apartment that night. It is a party to welcome friends. Mary and Louise want to show their new furniture.

The doorbell rings. Mary opens the **door**. Nick is the first to arrive. Nick is Mary's friend. Nick is also a student. He studies art history.

"Hi, ladies," says Nick. "Thank you for inviting me."

"Come in, Nick!" says Mary. Nick steps into the **foyer**. She hugs him.

"Do you want to see our new stuff?" asks Louise.

"Yeah!" says Nick.

Louise and Mary show Nick around the apartment. They are happy with the **living room**. The new sofa, chair and painting looks great.

"All of this is from the thrift store," says Mary. She is proud.

Nick walks up to the painting. "I really like this painting," he says.

"I do too," says Louise. "I chose it."

"It reminds me of Jackson Pollock," says Nick.

"Who is Jackson Pollock?" asks Mary.

"He is a very famous painter," says Nick. "He splashes paint onto canvas. Just like this one." Nick looks closely at the painting.

"Is it signed?" he asks. Louise shakes her head no. "Let's look behind it then."

They take the painting out of the frame and turn it around. They all are quiet. On the bottom is a signature that looks like 'Jackson Pollock'.

"How much did you pay for this?" asks Nick.

"About five dollars," says Louise.

"This is probably worth at least $10 million dollars," says Nick. He is shocked. Mary looks at Louise. Louise looks at Mary.

"Does anyone want a glass of champagne?" says Mary.

Now that is a bargain!

CHAPTER 6
The Goat / common present tense verbs

HANDLUNG

Ollie wacht auf. Die Sonne scheint. Er erinnert sich: Es ist Samstag. Heute **arbeitet** sein Vater nicht. Das bedeutet, Ollie und sein Vater **tun** etwas zusammen. Was können sie tun? Ollie **will** ins Kino gehen. Er will auch Videospiele spielen.

Ollie ist zwölf Jahre alt. Er geht zur Schule. Samstag geht er nicht zur Schule. Er nutzt den Samstag, um zu tun, was er will. Sein Vater lässt ihn entscheiden. Ollie will etwas Lustiges machen.

"Papaaa!" **ruft** Ollie. "**Komm** her!"
Ollie wartet.

Sein Vater betritt Ollies Kinderzimmer.

"Heute ist Samstag", **sagt** Ollie.

"Ich **weiß**, Sohn", sagt Ollies Vater.

"Ich will was Lustiges machen!" sagt Ollie.

"Ich auch", sagt sein Vater.

"Was können wir tun?" **fragt** Ollie.

"Was willst du tun?" fragt sein Vater.

"Ins Kino gehen", sagt Ollie.

"Wir gehen immer am Samstag ins Kino", sagt Ollies Vater.

"Videospiele spielen", sagt Ollie.

"Wir spielen jeden Tag Videospiele", sagt sein Vater.

"Okay, Okay", sagt Ollie. Er **denkt** nach. Er erinnert sich an seinen Lehrer in der Schule. Sein Lehrer **sagt** den Schülern, sie sollen nach draußen gehen. Der Lehrer sagt ihnen, die frische Luft tut ihnen gut. In der Schule lernen sie Tiere kennen. Ollie lernt etwas über Tiere im Dschungel, Tiere im Ozean und Tiere auf Bauernhöfen.

Das ist es, ja! Denkt sich Ollie.
"Papa, lass uns auf einen Bauernhof gehen!" sagt Ollie. Ollies Vater denkt, dass das eine großartige Idee ist. Er wollte schon immer Bauernhoftiere **sehen** und berühren.

Sie nehmen das Auto. Ollies Vater fährt aufs Land. Sie sehen ein Schild, auf dem steht "Tierfarm". Sie folgen den Schildern und parken das Auto.

Ollie und sein Vater kaufen Eintrittskarten. Eintrittskarten kosten 5$. Sie verlassen das Ticketbüro. Es gibt ein großes Holzgebäude, das Bauernhaus. Hinter dem Bauernhaus gibt es ein riesiges Feld. Das Feld hat Bäume, Gras und Zäune. In jedem dieser Zäune befindet sich eine andere Tierart. Es gibt Hunderte von Tieren.

Ollie ist aufgeregt. Er sieht Hühner, Pferde, Enten und Schweine. Er berührt sie und hört ihnen zu. Ollie **macht** bei jedem Tier einen Laut. Zu den Enten sagt er "quak". Zu den Schweinen sagt er "quiek" . Zu den Pferden sagt er "wieher" zu den Hühnern, sagt er "gack, gack". Die Tiere starren Ollie an.

Vorbei an den Tieren in Käfigen sieht Ollie eine Schafsherde. Ollies Vater erzählt ihm, dass weibliche Schafe Auen genannt werden. Männliche Schafe sind Widder. Babyschafe heißen Lämmer. Schafe fressen Gras.
"Sie können uns sehen", sagt sein Vater.

"Aber sie sehen uns nicht an", sagt Ollie.

"Schafe können hinter sich sehen. Sie müssen ihre Köpfe nicht bewegen", sagt sein Vater. Ollies Vater weiß eine Menge über Schafe.

"Im Frühling schneiden sie den Schafen die Haare ab", sagt sein Vater. Er erzählt Ollie, wie die Schafwolle zu Pullover, Schals und anderen warmen Kleidungsstücken **wird**. Ollie hat einen Pullover aus Wolle, er ist warm.

Ollie und sein Vater gehen auf das Feld. Das Gras ist grün. Es gibt Kühe in einer Ecke. Eine der Mutterkühe ernährt ein Kälbchen.

"Weißt du, was Kühe machen, Ollie?" fragt sein Vater.

"Man! Milch!" sagt Ollie.

"Das ist richtig", sagt sein Vater.

Ollie hört ein Tierlaut. Er **nimmt** die Hand seines Vaters. Sie gehen auf das Geräusch zu. Sie kommen zu einem Zaun. Sie **finden** eine Ziege. Die Ziege steckt mit den Hörnern im Zaun fest. Die Ziege sitzt auf dem Boden. Sie bewegt sich nicht. Ihre Hörner stecken zwischen dem Holz und sie kann sich nicht bewegen. Ollie und sein Vater **schauen** die Ziege an.

"Die Ziege tut mir so leid", sagt Ollie. Sie scheint traurig.

"Armer Kerl!" sagt sein Vater.

"Er sieht so traurig aus", sagt Ollie.

"Wir können ihm helfen", sagt sein Vater.

"Ja!" sagt Ollie.

Sie nähern sich der Ziege. Ollie ist nervös. Papa sagt, man soll sich keine Sorgen machen. Die Hörner stecken fest und die Ziege wird ihnen nicht wehtun. Ollie blickt der Ziege in die Augen. Die Ziege **braucht** Hilfe. Ollie spricht mit der Ziege. Er **versucht** sanfte Töne zu machen. Er will die Ziege ruhig halten.

Ollies Vater versucht, die Hörner zu bewegen. Erst das rechte Horn, dann das linke Horn. Sie bewegen sich nicht. Nach zehn Minuten **geben** sie **auf**.

"Ich kann es nicht tun", sagt Ollies Vater.

"Bist du sicher?" fragt Ollie.

"Die Hörner stecken fest", sagt sein Vater.

"Was machen wir?" fragt Ollie.

Der Bereich um die Ziege ist schlammig. Es ist kein Gras mehr übrig. Ollies Vater nimmt etwas Gras vom Boden und bringt es zur Ziege. Die Ziege frisst das Gras. Die Ziege sieht hungrig aus. Das Gras ist weg. Ollie bekommt mehr Gras für die Ziege. Sie streicheln die Ziege für ein paar Minuten. Die Ziege scheint dankbar zu sein.

"Sagen wir es dem Besitzer", sagt sein Vater.

"Ja", sagt Ollie, "vielleicht kann er ihr helfen."

Ollie und sein Vater gehen zum Ticketbüro. Das Ticketbüro ist ein kleines Gebäude am Eingang. Ein Mann arbeitet dort. Ollie und sein Vater gehen rein.

"Hallo, der Herr", sagt Ollies Vater.

"Wie kann ich Ihnen helfen?" fragt der Mann.

"Da ist eine Ziege ...", sagt Ollies Vater.

Der Mann unterbricht Ollies Vater. Er winkt mit der Hand. Er sieht gelangweilt aus. "Ja, wissen wir."

"Sie wissen von der Ziege?" fragt Ollie.

"Die Ziege die im Zaun feststeckt?" fragt der Mann.

"Ja!" sagen Ollie und sein Vater.

"Oh ja, das ist Patty", sagt der Mann. "Sie kann sich frei bewegen, wann immer sie will. Sie mag nur die Aufmerksamkeit."

Ollie **gibt** seinem Vater einen überraschten Blick. Ollie und sein Vater lachen.

"Patty, was für eine Ziege!" sagt Ollie.

ZUSAMMENFASSUNG

Ollie wacht an einem Samstag auf. Er und sein Vater entscheiden, etwas Lustiges zu tun. Sie gehen auf einen Bauernhof, um Tiere zu sehen. Sie sehen und berühren viele Tiere: Kühe, Pferde, Schafe und mehr. Sie laufen auf dem Bauernhof herum. Es ist ein schöner Tag. Sie finden eine in einem Zaun eingeklemmte Ziege. Sie versuchen, der Ziege zu helfen. Die Ziege steckt mit den Hörnern fest. Sie füttern sie mit Gras. Ollie und sein Vater holen Hilfe. Der Mann im Ticketbüro hört ihnen zu. Er erzählt ihnen, dass die Ziege die Leute gerne hereinlegt, um Aufmerksamkeit zu erhalten. Ollie und sein Vater lachen.

VOKABELLISTE

arbeiten	to work
tun	to do
wollen	to want
gehen	to go
benutzen	to use
rufen	to call
kommen	to come
sagen	to say
wissen	to know
fragen	to ask
denken	to think
erzählen	to tell
sehen	to see
werden	to become
machen	to make
nehmen	to take
finden	to find
fühlen	to feel
schauen	to look
bekommen	to get
brauchen	to need
versuchen	to try
geben	to give

FRAGEN

1) Was machen Ollie und sein Vater am Samstag?
    a) ins Kino gehen
    b) auf einen Bauernhof gehen
    c) Videospiele spielen
    d) zur Schule gehen

2) Über welches Tier weiß Ollies Vater viel?
    a) Schaf
    b) Schwein
    c) Giraffe
    d) Kuh

3) Was passiert mit der Ziege?
    a) es versteckt sich
    b) es frisst
    c) es steckt fest
    d) es ist wütend

4) Was tun Ollie und sein Vater für die Ziege?
    a) sie befreien
    b) Gras geben und streicheln
    c) die Polizei anrufen
    d) sie küssen

.

5) Was macht Patty?
    a) sie verlässt den Hof
    b) sie isst Müll
    c) sie geht zum Ticketbüro
    d) so tun als würde sie feststeckte, um Aufmerksamkeit zu bekommen

ANTWORTEN

1) Was machen Ollie und sein Vater am Samstag?
    b) auf einen Bauernhof gehen

2) Über welches Tier weiß Ollies Vater viel?
    a) Schaf

3) Was passiert mit der Ziege?
c) es steckt fest

4) Was tun Ollie und sein Vater für die Ziege?
    b) Gras geben und streicheln

5) Was macht Patty?
    d) so tun als würde sie feststeckte, um Aufmerksamkeit zu bekommen

Translation of the Story
The Goat

Ollie wakes up. The sun is shining. He remembers: it is Saturday. Today his dad does not **work**. That means Ollie and his dad **do** something together. What can they do? Ollie **wants** to go to the movies. He also wants to play video games.

Ollie is twelve years old. He goes to school. Saturday he does not go to school. He **uses** Saturday to do what he wants. His dad lets him decide. So Ollie wants to do something fun.

"Daaaaaad!" **calls** Ollie. "**Come** here!"

Ollie waits.
His dad enters Ollie's bedroom.

"Today is Saturday," **says** Ollie.

"I **know**, son," says Ollie's dad.

"I want to do something fun!" says Ollie.

"Me too," says Dad.

"What can we do?" **asks** Ollie.

"What do you want to do?" asks his dad.

"Go to the movies," says Ollie.

"We always go to the movies on Saturday," says Ollie's dad.

"Play video games," says Ollie.

"We play video games everyday!" says Dad.

"Ok, ok," says Ollie. He **thinks**. He remembers his teacher at school. His teacher **tells** the students to go outside. The teacher tells them the fresh air is good. At school, they study animals. Ollie learns about animals in the jungle, animals in the ocean, and animals on farms.

That's it!

"Dad, let's go to a farm!" says Ollie. Ollie's dad thinks that is a great idea. He has always wanted to **see** and touch farm animals.
They take the car. Ollie's dad drives to the countryside. They see a sign that says "Animal Farm". They follow the signs and park the car.

Ollie and his dad buy tickets to enter. Tickets cost $5. They leave the ticket office. There is a big wooden building, the farmhouse. Behind the farmhouse, there is a huge field. The field has trees, grass, and fences. In each fence is a different type of animal. There are hundreds of animals.

Ollie is excited. He sees chickens, horses, ducks, and pigs. He touches them and listens to them. Ollie **makes** a sound to each animal. To the ducks, he says "quack". To the pigs, he says "oink". To the horses, he says "nay". To the chickens, he says "bok bok". The animals stare at Ollie.

Past the animals in cages, Ollie sees a flock of sheep. Ollie's dad tells him that female sheep are called ewes. Male sheep are rams. Baby sheep are called lambs. The sheep are eating grass.
"They can see us," says Dad.

"But they are not looking at us," says Ollie.

"Sheep can see behind themselves. They don't have to turn their heads," says Dad. Ollie's dad knows a lot about sheep.

"They cut the hair on the sheep in spring," says Dad. He tells Ollie how the sheep's wool **becomes** sweaters, scarves and other warm clothing. Ollie has a sweater made of wool. It is warm.

Ollie and his dad walk around the field. The grass is green. There are cows in a corner. One of the mother cows feeds a baby calf.

"You know what cows make, Ollie?" asks Dad.

"Duh! Milk!" says Ollie.

"That's right," says Dad.

Ollie hears an animal sound. He **takes** his dad's hand. They walk towards the sound. They come to a fence. They **find** a goat. The goat has horns stuck in the fence. The goat sits on the ground. It does not move. Its horns are between the wood and it can't move. Ollie and his dad **look** at the goat.

"I feel so bad for the goat," says Ollie. She seems sad.

"Poor guy!" says Dad.
"He looks so sad," says Ollie.

"We can help him," Dad says.

"Yeah!" says Ollie.

They get close to the goat. Ollie is nervous. Dad says not to worry. The horns are stuck and the goat will not hurt them. Ollie looks into the eyes of the goat. The goat **needs** help. Ollie talks to the goat. He **tries** to make soft sounds. He wants to keep the goat calm.

Ollie's dad tries to move the horns. He tries the right horn. He tries the left horn. They don't move. After ten minutes, they **give up**.

"I can't do it," says Ollie's dad.
"Are you sure?" asks Ollie.

"The horns are stuck," says Dad.

"What do we do?" asks Ollie.

The area around the goat is mud. There is no grass left. Ollie's dad takes some grass from the ground and brings it to the goat. The goat eats the grass. The goat looks hungry. The grass is gone. Ollie gets more grass to take to the goat. They pet the goat for a few minutes. The goat seems grateful.

"Let's tell the owner," says Dad.

"Yeah," says Ollie. "Maybe they can help her."

Ollie and his dad go to the ticket office. The ticket office is a small building at the entrance. A man works there. Ollie and his dad go inside.

"Hello, sir," says Ollie's dad.

"How can I help you?" asks the man.

"There's a goat—" says Ollie's dad.

The man interrupts Ollie's dad. He waves his hand. He looks bored. "Yeah, we know."

"You know about the goat?" asks Ollie.

"The goat stuck in the fence?" asks the man.

"Yes!" say Ollie and his dad.

"Oh yes, that's Patty," says the man. "She can get herself out whenever she wants. She just likes the attention."

Ollie **gives** his dad a surprised look. Ollie and his dad laugh.

"Patty, what a goat!" Ollie says.

German Short Stories for Beginners Book 3

Over 100 Dialogues and Daily Used Phrases to Learn German in Your Car. Have Fun & Grow Your Vocabulary, with Crazy Effective Language Learning Lessons

www.LearnLikeNatives.com

CHAPTER 7
The Car / emotions

HANDLUNG

Quentin **interessiert** sich für Autos. Er schaut sich Bilder von Autos an. Er liest jede Nacht die ganze Nacht über Autos. Wenn er sich **langweilt**, stöbert er durch Instagram. Bei den Konten, denen er folgt, dreht sich alles um Autos.

Quentins Freundin ist Rashel. Rashel **amüsiert** sich über Quentins Besessenheit. Autos interessieren sie nicht.

Quentin hat ein Auto. Quentin fährt einen Honda Accord Baujahr 2000. Sein Auto ist grün. Quentin **schämt** sich für sein Auto. Er will ein cooles Auto. Er will ein Auto, um mit Rashel durch die Stadt zu fahren. Er träumt von schönen und teuren Autos. Er will ein großes Auto. Kleine Autos findet er langweilig.

In letzter Zeit schaut Quentin ständig auf sein Handy. Wenn Rashel es ansieht, versteckt Quentin das Telefon.

"Quentin, warum versteckst du das Telefon vor mir?" fragt Rashel.

"Nur so", sagt Quentin.

"Das ist nicht wahr!" sagt Rashel.

"Ich verspreche es!" sagt Quentin.

"Dann lass mich den Bildschirm sehen", sagt Rashel.

"Es ist nichts", sagt Quentin. "Vergiss es."

Rashel ist **misstrauisch**, Quentin verheimlicht etwas.

Eines Abends macht Rashel das Abendessen. Quentins Telefon klingelt. Sie kennt die Nummer nicht. Quentin geht ans Telefon.

"Hallo? Oh, ich rufe dich später an", sagt Quentin. Er legt auf.

"Wer ist es?", fragt Rashel.

"Niemand", sagt Quentin.
"Ist es ein Mädchen?" fragt Rashel. Sie ist **eifersüchtig**.

"Nein, ist es nicht", sagt Quentin.

"Wer ist es dann?" fragt Rashel.

"Niemand", sagt Quentin.

"Warum sagst du es mir nicht?" fragt Rashel.

Quentin ist so **wütend**, dass er das Haus verlässt. Er lässt das Essen auf dem Tisch stehen. Es wird kalt. Rashel ist **traurig**. Das Abendessen ist ein Disaster. Rashel ruft ihre Freundin an. Sie reden über das Abendessen. Rashels Freundin denkt, dass Quentin mit einem anderen Mädchen zusammen ist. Rashel ist unsicher. Quentin verheimlicht etwas, sie ist sich sicher.

Quentin sitzt in seinem Auto. Er öffnet seinen Laptop. Er dursucht Anzeigen für Gebrauchtwagen. Es gibt günstige Autos und teure Autos. Er ist **zuversichtlich**. Er sucht ein Auto, das ein ein gutes Geschäft ist. Er hat ein wenig Geld. Er und Rashel sparen Geld. Sie benutzen es für den Urlaub. Dieses Jahr will Quentin ein Auto, keinen Urlaub.

Er sieht eine Anzeige für ein altes Auto. Das Auto ist aus dem Jahr 1990. Das Auto ist ein Jeep. Das Modell ist ein Grand Wagoneer. Er ist **neugierig** auf das Auto. Kein Auto sieht so aus wie dieses Auto. Es hat Holz auf der Außenseite. Quentin findet das cool.

Quentin ruft die Nummer auf der Anzeige an.

"Hallo", sagt ein Mann.

"Hallo", sagt Quentin. "Ich rufe wegen des Autos an."

"Welches Auto?" fragt der Mann.

"Der Jeep", sagt Quentin. "Ich nehme ihn."

"Okay", sagt der Mann.

"Ich hole es morgen", sagt Quentin.

"OK!" sagt der Mann. Er legt auf.

Quentin geht zurück zum Haus. Er fühlt sich **schuldig.** Das Essen ist kalt. Er isst es trotzdem. Er ist **nervös**. Was wird Rashel über das Auto denken?

Am nächsten Tag holt Quentin das Auto. Quentin liebt das neue Auto. Sein Auto ist ein Jeep Grand Wagoneer von 1990. Es ist ein großes Auto. Es hat Holzpanele an der Seite.

Quention fährt zum Haus. Das Auto hat 120.000 Kilometer. Es ist etwa 30 Jahre alt. Das Auto ist in sehr gutem Zustand. Alles funktioniert. Das Innere ist wie neu. Quentins neues Auto ist etwas Besonderes. Er **schämt** sich nicht das Auto zu fahren. Im Gegenteil, er ist **stolz**, darin durch die Stadt zu fahren. Was gibt es daran nicht zu lieben?

Er klopft an die Tür. Rashel öffnet sie.

"Rashel", sagt er, "Schau!" Quentin zeigt auf das Auto.

"Du hast ein neues Auto?" fragt sie.
"Ja," sagt Quentin. Er lädt Rashel zu einer fahrt ein. Die beiden fahren durch die Stadt. Quentin fährt langsam. Viele Leute starren auf das Auto. Es ist ein besonderes Auto. Einige Männer sehen **neidisch** aus. Sie wollen ein cooles Auto. Quentin ist endlich **glücklich**.

Quentin verbringt jeden Tag mit dem Jeep. Er fährt ihn. Manchmal fährt er einfach nur durch die Stadt. Er liebt das Auto. Er ist **selbstbewusst** im Jeep. Er verbringt jeden Abend damit das Auto zu reinigen. Er poliert die Türen und Fenster jeden Abend. Rashel wartet auf ihn. Er kommt zu spät zum Abendessen. Das macht Rashel **wütend**. Sie hasst den Jeep Wagoneer. Sie glaubt, dass Quentin das Auto mehr liebt als sie. Sie sagt Quentin das und er sagt ihr, sie solle nicht **dumm** sein. Er gibt ihr eine **liebevolle** Umarmung. Er will ihr zeigen, dass sie sich irrt.

Am Samstag gehen Rashel und Quentin zum Supermarkt. Quentin fährt sie. Die Fenster sind unten. Quentin trägt eine Sonnenbrille. Er sieht selbstbewusst und von sich selbst überzeugt aus. Er parkt das Auto. Die beiden gehen in den Supermarkt.

Sie kaufen Obst ein.

"Quentin, kannst du vier Äpfel besorgen?" fragt Rashel. Quentin holt die Früchte. Er kommt zurück. Aber er hat vier Orangen.

"Quentin, ich sagte Äpfel!" sagt Rashel.

"Ja, ich weiß", sagt Quentin.

"Das sind Orangen!" sagt Rashel.
"Oh, tut mir leid", sagt Quentin. Er ist **zerstreut**. Er kann sich nicht konzentrieren.

"Was ist los?" fragt Rashel.

"Nichts", sagt Quentin.

"Woran denkst du?" fragt sie.

"Nichts", sagt Quentin. Er hat einen **ängstlichen** Gesichtsausdruck. Er hat einen **besorgten** Blick in seinen Augen.

"Denkst du an das Auto?" fragt Rashel.

"Nein", sagt Quentin.

"Doch, das tust du! Ich weiß es! Hol mir ein paar Äpfel", sagt Rashel. Sie ist **entschlossen**, Quentin zur Aufmerksamkeit zu bewegen. Quentin bringt die Äpfel zurück. Er legt sie in den Wagen. Sie beenden den Lebensmitteleinkauf. Quentin ist ruhig. Er wirkt **verschlossen**. Sie gehen zum Auto.

Der Parkplatz ist voll. Quentin inspiziert den Jeep sorgfältig. Er hat **Angst** vor Flecken oder Kratzern. Eine Autotür hinterlässt Spuren, wenn sie gegen eine andere Tür schlägt. Es gibt jetzt viele Autos. Er sieht keine Kratzer. Quentin öffnet das Auto. Er steigt ein.

Rashel bringt die Lebensmittel ins Auto. Sie bringt den Einkaufswagen zurück zum Laden. Sie öffnet die Tür und steigt ein.

"Quentin, ich bin **unglücklich**", sagt sie. Sie weint.

"Was?" sagt Quentin. Er ist **überrascht**. "Was ist los?"

"Dir ist nur das Auto wichtig", sagt Rashel.

"Das ist nicht wahr", sagt Quentin.

"Du hilfst mir bei gar nichts", sagt Rashel.

"Doch! Ich sorge mich um dich", sagt Quentin.

"Wenn du dich um mich sorgst, verkauf das Auto", sagt Rashel.

ZUSAMMENFASSUNG

Quentin will ein neues Auto. Er versteckt seine Suche vor seiner Freundin Rashel. Sie fragt ihn, wer anruft. Sie fragt ihn, was er sich ansieht. Aber Quentin hält seine Suche geheim. Quentin findet ein Auto, das ihm gefällt. Er ist endlich glücklich. Er ist jedoch besessen von dem Auto. Rashel wird eifersüchtig. Quentin kann sich nicht im Lebensmittelladen konzentrieren. Er hat Angst, dass jemand das Auto zerkratzt. Quentin hilft Rashel nicht beim Einkaufen. Sie wird wütend. Sie sagt Quentin, dass er sich zwischen ihr und dem Auto entscheiden muss.

VOKABELLISTE

interessiert	interested
gelangweilt	bored
amüsiert	amused
misstrauisch	suspicious
beschämt	embarrassed
eifersüchtig	jealous
wütend	angry
traurig	sad
zuversichtlich	hopeful
neugierig	curious
schuldig	guilty
nervös	nervous
beschämt	ashamed
stolz	proud
neidisch	envious
glücklich	happy
wütend	enraged

dumm	stupid
liebevoll	loving
selbstbewusst	confident
zerstreut	distracted
ängstlich	anxious
besorgt	worried
entschlossen	determined
verschlossen	withdrawn
unglücklich	miserable
überrascht	surprised

FRAGEN

1) Was hält Quentin von seinem Auto zu Beginn der Geschichte?
    a) er liebt es
    b) es ihm peinlich ist
    c) es ist zu neu
    d) es ist zu teuer

2) Warum wird Rashel beim Abendessen wütend?
    a) sie glaubt, ein Mädchen ruft Quentin an
    b) sie hat Hunger
    c) Quentin verspätet sich
    d) Quentin vergaß, Brot zu kaufen

3) Was macht Quentin im Supermarkt?
    a) er zahlt für alles
    b) er bringt Orangen statt Äpfeln
    c) er verschüttet Milch
    d) er achtet auf Rashel

4) Was hält Quentin von seinem neuen Auto?

a) es ist zu neu
　　　b) es ist zu klein
　　　c) er ist stolz darauf
　　　d) es ist ihm peinlich

5) Was machen Quentin und Rashel am Ende der Geschichte?
　　　a) sich küssen
　　　b) sich nach dem Streit versöhnen
　　　c) das Geschäft verlassen
　　　d) einen Streit haben

ANTWORTEN
1) Was hält Quentin von seinem Auto zu Beginn der Geschichte?
　　　b) es ist ihm peinlich

2) Warum wird Rashel beim Abendessen wütend?
　　　a) sie glaubt, ein Mädchen ruft Quentin an

3) Was macht Quentin im Supermarkt?
　　　b) er bringt Orangen statt Äpfeln

4) Was hält Quentin von seinem neuen Auto?
　　　c) er ist stolz darauf

5) Am Ende der Geschichte, Quentin und Rashel:
　　　d) einen Streit haben

Translation of the Story
The Car

STORY

Quentin is **interested** in cars. He looks at pictures of cars. He reads about cars all night, every night. When he is **bored**, he scrolls through Instagram. The accounts he follows are all about cars.

Quentin's girlfriend is Rashel. Rashel is **amused** by Quentin's obsession. Cars do not interest her.

Quentin has a car. Quentin drives a 2000 Honda Accord. His car is green. Quentin feels **embarrassed** by his car. He wants a cool car. He wants a car to drive around town with Rashel. He dreams of nice cars, expensive cars. He wants a big car. Small cars are boring.

Lately, Quentin looks at his phone all the time. When Rashel looks at it, Quentin hides the phone.

"Quentin, why do you hide the phone from me?" asks Rashel.

"No reason," says Quentin.

"That's not true!" says Rashel.

"I promise it is!" says Quentin.

"Then let me see the screen," says Rashel.

"It's nothing," says Quentin. "Forget about it."

Rashel is **suspicious**. Quentin is hiding something.

One night, Rashel makes dinner. Quentin's phone rings. She does not know the number. Quentin answers the phone.

"Hello? Oh. I will call you later," says Quentin. He hangs up.

"Who is it?" says Rashel.

"Nobody," says Quentin.

"Is it a girl?" asks Rashel. She is **jealous**.
"No it is not," says Quentin.

"Then who is it?" asks Rashel.

"Nobody," says Quentin.

"Why won't you tell me?" asks Rashel.

He is so **angry**; Quentin walks out of the house. He leaves the food on the table. It gets cold. Rashel is **sad**. The dinner is a waste. Rashel calls her friend. They talk about the dinner. Rashel's friend thinks Quentin is with another girl. Rashel is unsure. Quentin is hiding something. She is sure.

Quentin sits in his car. He opens his laptop. He searches adverts for second-hand cars. There are cheap cars and expensive cars. He is **hopeful**. He looks for a car that is a good bargain. He has a little money. He and Rashel save money. They use it for vacation. This year, Quentin wants a car, not a vacation.

He sees an advert about an old car. The car is from the year 1990. The car is a Jeep. The model is a Grand Wagoneer. He is **curious** about the car. No cars look like this car. It has wood on the outside. Quentin thinks that is cool.

Quentin calls the number on the advert.

"Hello," says a man.

"Hello," says Quentin. "I am calling about the car."

"Which car?" asks the man.

"The Jeep," says Quentin. "I'll take it."

"Ok," says the man.

"I'll come get it tomorrow," says Quentin.

"Ok!" says the man. He hangs up the phone.

Quentin goes back to the house. He feels **guilty**. Dinner is cold. He eats it anyway. He is **nervous**. What will Rashel think about the car?

The next day, Quentin gets the car. Quentin loves the new car. His car is a 1990 Jeep Grand Wagoneer. It is a big car. It has wood panels along the side.

Quentin drives to the house. The car has 120,000 kilometers. It is about 30 years old. The car is in very good condition. Everything works. The interior is like new. Quentin's new car is special. He does not feel **ashamed** driving. On the contrary, he feels **proud** driving through town. What is not to love?

He knocks on the door. Rashel opens it.

"Rashel," he says. "Look!" Quentin points at the car.

"You have a new car?" she asks.

"Yes," says Quentin. He invites Rashel to ride. The two drive around town. Quentin drives slow. Many people stare at the car. It is a special car. Several men look **envious**. They want a cool car. Quentin is finally **happy**.

Quentin spends every day with the Jeep. He drives it. Sometimes he has nowhere to go. He just drives around town. He loves the car. He feels **confident** in the Jeep. He spends every evening cleaning the car. He polishes the doors and windows every night. Rashel waits for him. He is late for dinner. This makes Rashel **enraged**. She hates the Jeep Wagoneer. She thinks Quentin loves the car more than he loves her. She tells Quentin this and he tells her not to be **stupid**. He gives her a **loving** hug. He wants to show her she is wrong.

On Saturday, Rashel and Quentin go to the supermarket. Quentin drives them. The windows are down. Quentin wears sunglasses. He looks **confident** and sure of himself. He parks the car. The two go into the supermarket.

They shop for fruit.

"Quentin, can you get four apples?" asks Rashel. Quentin goes to get the fruit. He returns. But he has four oranges.

"Quentin, I said apples!" says Rashel.

"Yeah, I know," says Quentin.

"These are oranges!" says Rashel.

"Oh, sorry," says Quentin. He is **distracted**. He cannot concentrate.

"What is wrong?" asks Rashel.

"Nothing," says Quentin.

"What are you thinking about?" she asks.

"Nothing," says Quentin. He has an **anxious** look. He has a **worried** look in his eyes.

"Are you thinking about the car?" asks Rashel.

"No," says Quentin.

"Yes you are! I know it! Go get me some apples," says Rashel. She is **determined** to make Quentin pay attention. Quentin brings back the apples. He puts them in the cart. They finish grocery shopping. Quentin is quiet. He seems **withdrawn**. They go to the car.

The parking lot is full. Quentin inspects the Jeep carefully. He is **afraid** of marks or scratches. A car door leaves marks when it hits another door. There are many cars now. He does not see any scratches. Quentin unlocks the car. He gets in.

Rashel puts the groceries in the car. She returns the cart to the store. She opens the door and gets in.

"Quentin, I am **miserable**," she says. She is crying.

"What?" says Quentin. He is **surprised**. What is wrong?

"You only care about the car," says Rashel.

"That's not true," says Quentin.
"You don't help me do anything," says Rashel.

"I do! I care about you," says Quentin.

"If you care about me, sell this car," says Rashel.

CHAPTER 8
Going to A Meeting / telling time

HANDLUNG

Thomas verlässt sein Wohnhaus. Es ist ein schöner Tag, die Sonne scheint, die Luft ist frisch. Thomas hat heute eine wichtige Besprechung. Thomas ist Geschäftsführer eines Unternehmens. Heute trifft er sich mit neuen Investoren. Er ist auf das Treffen vorbereitet und fühlt sich entspannt.

Es ist **acht Uhr morgens**. Thomas geht die Straße entlang. Er ist extra zu früh um mehr **Zeit** zu haben. Er will nicht zu spät kommen. Er möchte keinen Stress haben.

Thomas lebt in einer Großstadt. Es gibt überall große Gebäude. Taxis fahren vorbei. Viele Autos fahren vorbei. Thomas geht gerne zu Fuß. Manchmal nimmt er die U-Bahn.

Thomas will frühstücken. Er hält an einem Café. Das Café ist gemütlich. Musik spielt im Café. Thomas will eine Backware.

"Was möchten Sie?" fragt der Barista.

"Einen Muffin bitte", sagt Thomas.

"Blaubeere oder Schokolade?" fragt der Barista.

"Blaubeere, bitte", sagt Thomas.

"Etwas zu trinken?" fragt der Barista.
"Einen Kaffee", sagt Thomas.

"Schwarz?" fragt der Barista.

"Nein, mit etwas Sahne", sagt er.

"Zum mitnehmen?" fragt der Barista. Thomas schaut auf seine Uhr. Es ist **acht Uhr dreißig**. Er hat Zeit.

"Für hier" sagt Thomas. Er setzt sich und isst. Er sieht Menschen vorbeigehen. Thomas schaut wieder auf seine Uhr. Es ist neun Uhr **auf die Minute**. Er steht auf. Thomas wirft den Müll weg und geht auf die Toilette. Er nimmt seine Uhr ab, um seine Hände zu waschen. Seine Uhr ist aus Gold und er mag es nicht, sie nass zu machen. Sein Telefon klingelt.

"Hallo", sagt Thomas.

"Sind Sie im Büro?" fragt Thomas' Sekretärin.

"Noch nicht", sagt Thomas. "Ich bin auf dem Weg."

Er verlässt das Café. Thomas geht in Richtung U-Bahn. Er hat Zeit, also braucht er kein Taxi. Er schaut wieder auf seine Uhr. Aber seine Uhr ist nicht da. Thomas hat Panik. Er denkt über den Morgen nach. Hat er sie zu Hause gelassen? Nein. Er erinnert sich, dass er die Uhr abnimmt und sich die Hände wäscht. Die Uhr ist im Café.

Thomas rennt zurück zum Café.

"Verzeihung", sagt er zum Barista.
"Haben Sie eine goldene Uhr?", fragt er.

"Nur eine **Sekunde**", sagt der Barista. Er fragt seine Kollegen. Niemand hat die Uhr.

"Nein," sagt der Barista. Thomas geht auf die Toilette. Er schaut am Waschbecken nach. Die Uhr ist nicht da. Jemand hat die Uhr, denkt Thomas. Er hat keine Zeit mehr um weiter zu suchen.

"Verzeihung", sagt er wieder zum Barista.

"**Wie spät ist es?**" fragt er.

"**Zehn Uhr und 9 Minuten**", sagt der Barista.

"Danke," sagt Thomas. Thomas eilt. Er hat die Besprechung um Viertel vor elf. Er eilt zur U-Bahn-Station. Es gibt eine lange Schlange, um Tickets zu kaufen. Er wartet fünf **Minuten**.

"Wissen Sie, wie spät es ist?" fragt Thomas eine Frau.

"Es ist zehn Uhr **dreißig**", sagt sie. Thomas ist spät dran. Er verlässt die lange Schlange. Er geht auf die Straße. Er ruft ein Taxi. Alle Taxis sind besetzt. Schließlich hält ein Taxi. Thomas steigt ins Taxi.

"Wo möchten Sie hin?" fragt der Fahrer.

"Zur 116. und Park", sagt Thomas.

"Okay", sagt der Fahrer.
"Bitte beeilen Sie sich", sagt Thomas. "Ich muss **pünktlich** zu einem Meeting."

"Ja, mein Herr", sagt der Fahrer.

Thomas trifft am Büro an. Er rennt aus dem Taxi und die Treppe hoch. Seine Sekretärin grüßt ihn. Thomas ist verschwitzt!

"Die Besprechung ist **in einer Stunde**", sagt die Sekretärin. Thomas wischt sich den Schweiß aus dem Gesicht.

"Gut", sagt Thomas. Er bereitet sich auf das Treffen vor. Sein Hemd ist verschwitzt. Es riecht schlecht. Thomas beschließt, ein neues Hemd für das Treffen zu kaufen.

Thomas geht zum Laden die Straße runter.
"Hallo, der Herr", sagt die Verkäuferin, "wie können wir Ihnen helfen?"

"Ich brauche ein neues Hemd", sagt Thomas. Die Verkäuferin nimmt Thomas mit, um ihm die Hemden zu zeigen. Es gibt rosa Hemden, braune Hemden, Hemden mit Karomustern und Hemden mit Schottenmustern. Die Verkäuferin redet viel. Thomas ist nervös wegen der Zeit.

"**Wie spät ist es?**" fragt Thomas die Verkäuferin.

"Es ist **fast Mittag**", sagt die Verkäuferin.

"Okay", sagt Thomas. "Geben Sie mir das braune Hemd." Die Verkäuferin bringt das braune Hemd zur Kasse. Sie faltet das Hemd. Sie **lässt sich Zeit**.

Thomas' Handy klingelt, es ist seine Frau.

"Schatz, wir essen um 19 Uhr zu **Abend**", sagt sie.

"Okay, Liebes", sagt Thomas. "Ich kann jetzt nicht wirklich reden."

"Okay", sagt sie. "Ich will nur nicht, dass du um neun Uhr **abends** nach Hause kommst."

"Keine Sorge", sagt Thomas.

"Tschüss", sagt seine Frau. Thomas legt auf.

"Entschuldigen Sie", sagt Thomas. "Ich habe es eilig. Ich brauche das Hemd nicht eingepackt."

"Okay", sagt sie. Thomas zahlt und verlässt den Laden. Er wechselt sein Hemd, während er die Straße entlang geht. Leute starren, er eilt ins Büro.

"Es **wird auch Zeit**", sagt seine Sekretärin, als er hereinkommt. Sie warten auf das Treffen. Die Investoren sitzen am Tisch. Thomas grüßt sie.

"Ich mag dein Hemd, Thomas", sagt einer der Investoren.

"Danke", sagt Thomas. "Es ist neu." Thomas legt sein Telefon ab und schaltet seinen Computer ein.

"Danke, dass Sie gekommen sind", sagt Thomas. "Ich habe eine Präsentation, die etwa 15 Minuten lang ist."

Thomas fragt seine Sekretärin: "Wie spät ist es?"
"Es ist **zwölf Uhr fünfzehn**", sagt sie.

"Danke", sagt Thomas. "Meine Uhr ist weg."

"Warum schauen Sie nicht auf Ihr Telefon, wenn Sie wissen möchten wie spät es ist?", sagt einer der Investoren.

"Natürlich", sagt Thomas. Er ist so an seine Uhr gewöhnt, dass er vergisst, dass er das Telefon für die Uhrzeit nutzen kann!

"Ich muss der letzte Mensch auf der Welt sein, der nur eine Uhr benutzt um die **Uhrzeit zu erfahren**", sagt Thomas. Alle lachen.

ZUSAMMENFASSUNG
Thomas beginnt seinen Tag mit viel Zeit. Er frühstückt und entspannt. Er geht ins Bad und lässt seine Uhr im Bad. Als er es bemerkt, geht er zurück zum Café. Die Uhr ist weg. Jetzt muss er jeden fragen, wie spät es ist. Er kommt zu spät ins Büro. Glücklicherweise wird sein Treffen um eine Stunde verschoben. Er geht, um ein neues Hemd zu kaufen. Das dauert länger, als er erwartet. Er eilt zu dem Treffen. Als er wieder nach der Zeit fragt, wird ihm klar, dass er auf sein Telefon schauen kann um die Uhrzeit zu erfahren. Das Treffen beginnt.

VOKABELLISTE

Es ist ___ Uhr	It is ___ o'clock
morgens	in the morning
Zeit	time
halb ___	half past ___
auf die Minute	on the dot
zweiter	second
Wie spät ist es?	What time is it?
___ und ___	___ oh ___
Vormittags	a.m.
Viertel vor ___	quarter to ___
Minuten	minutes
Wie spät ist es?	Do you have the time?
___ dreißig	___ thirty
pünktlich	on time
in einer Stunde	in an hour
Wie spät ist es?	What's the time?
fast	nearly
Mittag	noon
lässt sich Zeit	takes her time
Nachmittags	p.m.
abends	at night
wird auch Zeit	about time
___ Minuten lang	___ minutes long
___ fünfzehn	___ fifteen
Uhrzeit erfahren	tell the time

FRAGEN

1) Warum verliert Thomas seine Uhr?
    a) sie fällt ab
    b) er lässt einen Fremden sie halten
    c) er macht eine Wette
    d) Er nimmt sie ab, um sich die Hände zu waschen

2) Wo wohnt Thomas?
    a) in einer Kleinstadt
    b) in einer Stadt mit wenig Verkehrsmitteln
    c) in einer Großstadt
    d) auf dem Land

3) Thomas hat Glück, weil:
    a) er hat nette Kollegen
    b) seine Sitzung verschoben wird
    c) die U-Bahn ist nicht voll
    d) er seine Uhr nicht verliert

4) Thomas sagt der Verkäuferin, das Hemd nicht einzuwickeln, weil:
    a) er zu spät kommt zu seiner Besprechung
    b) der Schweiß auf seinem Hemd sichtbar ist
    c) seine Frau am Telefon wartet
    d) er es hasst Tüten zu verschwenden

5) Am Ende der Geschichte lacht jeder, weil:
    a) Thomas' Hemd verschwitzt ist
    b) Thomas verlegen ist
    c) Thomas vergisst, dass man die Uhrzeit auf dem Telefon ablesen kann
    d) Thomas seine Uhr verliert

ANTWORTEN

1) Warum verliert Thomas seine Uhr?
    d) Er nimmt sie ab, um sich die Hände zu waschen

2) Wo wohnt Thomas?
    c) in einer Großstadt

3) Thomas hat Glück, weil:
    b) seine Sitzung verschoben wird

4) Thomas sagt der Verkäuferin, das Hemd nicht einzuwickeln, weil:
    a) er zu spät kommt zu seiner Besprechung

5) Am Ende der Geschichte lacht jeder, weil:
    c) Thomas vergisst, dass man die Uhrzeit auf dem Telefon ablesen kann

Translation of the Story
Going to A Meeting

STORY

Thomas leaves his apartment building. It is a beautiful day. The sun shines. The air is fresh. Thomas has an important meeting today. Thomas is the CEO of a company. Today he meets with new investors. He is prepared for the meeting. He feels relaxed.

It is **eight o'clock in the morning**. Thomas walks down the city street. He is early. He wants extra **time**. He does not want to be late. He does not want to stress.

Thomas lives in a big city. There are tall buildings everywhere. Taxis drive by. Lots of cars drive by. Thomas likes to walk. Sometimes he takes the subway.

Thomas wants to eat breakfast. He stops at a café. The café is relaxed. Music plays. Thomas wants a baked good.

"What would you like?" asks the barista.

"A muffin please," says Thomas.

"Blueberry or chocolate?" asks the barista.

"Blueberry, please," says Thomas.

"Anything to drink?" asks the barista.

"A coffee," says Thomas.

"Black?" asks the barista.

"No, with a bit of cream," he says.

"To go?" asks the barista. Thomas looks at his watch. It is **half past eight.** He has time.

"For here," says Thomas. He sits down and eats. He watches people walk by. Thomas looks at his watch again. It is nine o'clock **on the dot**. He gets up. Thomas throws out the trash and goes to the bathroom. He takes off his watch to wash his hands. His watch is gold and he doesn't like to get it wet. His phone rings.

"Hello," says Thomas.
"Sir, are you at the office?" asks Thomas's secretary.

"Not yet," says Thomas. "I'm on my way."

He leaves the coffee shop. Thomas walks towards the subway. He has time, so he doesn't need a taxi. He looks at his watch again. But his watch is not there. Thomas feels panic. He thinks back over the morning. Did he leave it at home? No. He remembers taking off the watch and washing his hands. The watch is at the coffee shop.

Thomas runs back to the coffee shop.

"Excuse me," he says to the barista.

"Do you have a gold watch?" he asks.
"Just a **second**," says the barista. He asks his colleagues. No one has the watch.

"No," says the barista. Thomas goes to the bathroom. He looks by the sink. The watch is not there. Someone has the watch, Thomas thinks. He has no time to look any more.

"Excuse me," he says to the barista again.

"**What time is it?**" he asks.

"**Ten oh nine a.m.**" says the barista.

"Thanks," says Thomas. Thomas hurries. He has the meeting at a quarter to eleven. He rushes to the subway stop. There is a long line to buy tickets. He waits for five **minutes**.

"Do you have the time?" Thomas asks a woman.

"It's ten **thirty**," she says. Thomas is late. He leave the long line. He goes to the street. He waves for a taxi. All the taxis are full. Finally, a taxi stops. Thomas gets into the taxi.

"Where are you going?" asks the driver.

"To 116th and Park," says Thomas.

"Ok," says the driver.

"Please hurry," says Thomas. "I need to be **on time** for a meeting."

"Yes, sir," says the driver.

Thomas arrives to the office. He runs out of the taxi and up the stairs. His secretary says hello. Thomas is sweaty!

"Sir, the meeting is now **in an hour**," says the secretary. Thomas wipes the sweat off his face.

"Good," says Thomas. He prepares for the meeting. His shirt is sweaty. It smells bad. Thomas decides to buy a new shirt for the meeting.

Thomas goes to the store down the street.

"Hi, sir," says the salesperson. "How can we help you?"

"I need a new dress shirt," says Thomas. The salesperson takes Thomas to see the shirts. There are pink shirts, brown shirts, checked shirts, and plaid shirts. The salesperson talks a lot. Thomas is nervous about the time.

"**What's the time?**" Thomas asks the salesperson.

"It's **nearly noon**," says the salesperson.

"Ok," says Thomas. "Give me the brown shirt." The salesperson takes the brown shirt to the cash register. She folds the shirt. She **takes her time**.

Thomas's phone rings. It is his wife.

"Honey, we have dinner at seven **p.m**.," she says.

"Ok, dear," says Thomas. "I can't really talk right now."

"Ok," she says. "I just don't want you to come home at nine o'clock **at night**."

"Don't worry," says Thomas.

"Bye," says his wife. Thomas hangs up the phone.

"Excuse me," says Thomas. "I'm in a hurry. I don't need the shirt wrapped."

"Ok," she says. Thomas pays and leaves the store. He changes his shirt as he walks down the street. People stare. He hurries to the office.

"It's **about time**," says his secretary when he walks in. They are waiting in the meeting. The investors sit around the table. Thomas says hello.

"I like your shirt, Thomas," says one of the investors.

"Thanks," says Thomas. "It is new." Thomas sets his phone down and turns on his computer.

"Thank you for coming," says Thomas. "I have a presentation. It is about fifteen minutes long."

Thomas turns to his secretary. "What time is it?"

"It is **twelve fifteen**," she says.

"Thanks," says Thomas. "My watch is missing."
"Why don't you look at your phone for the time?" says one of the investors.

"Of course," says Thomas. He is so accustomed to his watch that he forgets he can look at the phone for the time!

"I must be the last person in the world to only use a watch to **tell the time**," says Thomas. Everyone laughs.

CHAPTER 9
Lunch with The Queen / to be, to have + food

HANDLUNG

Ursula **ist** ein junges Mädchen. Sie lebt in London, England. Sie geht zur Schule. Sie liebt es zu backen. Sie **hat** eine Leidenschaft: die königliche Familie. Sie will eine Prinzessin **sein**.

Eines Abends ist Ursula zu Hause. Ihre Mutter bereitet das Abendessen zu. Sie **haben** etwas Neues. Ihre Mutter bringt die Teller zum Tisch.

"Was **sind** das?" fragt Ursula.
"Das sind Lauche", sagt Ursulas Mutter.

"Oh, ich mag keinen Lauch", sagt Ursula.

"Probier sie", sagt ihre Mutter. Sie probiert sie. Sie übergibt sich fast.

"Ich **bin** krank", sagt Ursula.

"Nein, bist du nicht", sagt ihre Mutter.

"Bitte, gib mir anderes **Gemüse**", sagt Ursula. "**Karotten, Brokkoli, Salat**?"

"Ach, Ursula, dann iss nur dein **Fleisch**", sagt ihre Mutter. Sie macht den Fernseher an. Sie schauen die

Nachrichten. Der Bericht handelt von der Königin von England. Ursula hört auf zu essen. Sie gibt gut acht.

"Königin Elisabeth regiert England seit 68 Jahren", heißt es im Nachrichtenbericht. "Sie ist mit Prinz Phillip verheiratet, sie haben vier Kinder."

Die Nachrichten berichten über die Königin. Sie lebt im Buckingham Palace. Sie ist sehr gesund, trotz ihres Alters.

"Ich will den Buckingham Palace besuchen", sagt Ursula.

"Ja, Liebes", sagt ihre Mutter. Sie schauen sich die Sendung an. Das Programm kündigt einen besonderen Wettbewerb an. Eine Person kann einen Besuch im Buckingham Palace gewinnen. Der Sieger isst mit der Königin zu **Mittag**. Ursula schreit.

"Ich **muss** gewinnen!" schreit sie.

"Ich bin mir nicht sicher", sagt ihre Mutter. "Viele Leute nehmen am Wettbewerb teil."

Ursula schaut sich die Sendung an. Sie lernt einzutreten. Sie fotografiert sich selbst beim Essen. Dann postet sie es in den sozialen Medien. Sie sieht sich die Sendung an, in dem es um das Essen mit der Königin geht. Sie sieht zu, wie sie zeigen, was einem Prinzen aus dem Südpazifik, beim Essen mit der Königin, zugestoßen ist.

Die Königin ist auf einem Boot mit dem Prinzen. Sie servieren **Nachtisch**. Der Prinz vergisst, die Königin zu beachten. Er nimmt ein paar **Trauben** und **Kirschen** von den **Früchten** auf dem Tisch und legt sie in seine Schüssel. Er schüttet Sahne über sie. Er streut **Zucker** darüber. Er fängt an zu essen, und dann merkt er, dass die Königin nicht angefangen hat zu essen. Er macht einen großen Fehler. Die Königin nimmt ihren Löffel. Sie isst ein Stück. Das beruhigt den Prinzen. Es ist ihm sehr peinlich.

"Es gibt Regeln, um mit der Königin zu essen?" fragt sie ihre Mutter.

"Natürlich", sagt ihre Mutter.

"Was zum Beispiel?" fragt Ursula.

"Nun, die Königin beginnt das **Essen** und beendet das Essen", sagt Ursulas Mutter.

"Du meinst, du kannst erst essen, wenn sie es tut", sagt Ursula.

"Das ist richtig", sagt ihre Mutter. "Und wenn sie fertig ist, bist du auch fertig."

"Was wenn man noch nicht fertig ist?" fragt Ursula.

"Man hört einfach auf", sagt ihre Mutter. "Und du musst warten, bis die Königin sitzt."

"Bevor man sich setzt?" sagt Ursula.

"Richtig", sagt ihre Mutter. Ursula denkt darüber nach. Es gibt viele Regeln, wenn man Königin oder Prinzessin ist. Ursula und ihre Mutter essen zu Ende. Sie gehen schlafen.

Am nächsten Morgen wacht Ursula auf. Sie ist nervös wegen des Wettbewerbs. Heute verkünden sie den Sieger. Sie **frühstückt** mit ihrer Mutter.

"Ich bin nervös", sagt sie.

"Ursula, du wirst nicht gewinnen", sagt ihre Mutter. "So viele Leute nehmen am Wettbewerb teil."

"Ach," sagt Ursula. Sie ist traurig. Sie isst ihr **Müsli**. Sie hat keinen Hunger. Sie hat den **Speck** und die **Eier** nicht einmal angerührt.

Sie machen den Fernseher an.

"Und wir verkünden den Gewinner des Wettbewerbs zum Mittagessen mit der Königin", sagt der Mann im Fernsehen. Er steckt seine Hand in eine riesige Glasschale voller Zettel. Er bewegt seine Hand herum. Er zieht ein Zettel heraus. Er öffnet den Zettel.

"Und der Sieger ist ... Ursula Vann!", sagt er.

Ursula sieht ihre Mutter an. Ihre Mutter sieht sie an.

"Hast du das gehört?" fragt sie. Ihre Mutter nickt und starrt sie an. Ihr Mund ist offen.

"Habe ich gewonnen?" fragt sie. Ihre Mutter nickt sprachlos.

"Juhu!" ruft Ursula. "Ich wusste es! Ich werde die Königin kennenlernen!" Ursula beendet ihr Essen und geht zur Schule.
Am nächsten Tag ist der Tag für das Mittagessen mit der Königin. Ursula geht zum Palast. Sie ist verängstigt. Sie ist nur ein junges Mädchen. Das ist ein großes Abenteuer für so ein junges Mädchen.

"Wer bist du?" fragt eine Wache.

"Ursula Vann", sagt sie. "Ich gewann den Wettbewerb, um mit der Königin zu Mittag zu essen."

"Oh, hallo, junge Dame", sagt die Wache. "Du bist ein hübsches junges Mädchen, komm rein."

"Danke", sagt sie.

Eine Wache bringt sie in den Palast. Er ist gewaltig und sehr groß. Sie laufen durch die Hallen. Die Wache hat einen lustigen Hut. Ursula kichert. Dann hört sie auf. Sie sind im Esszimmer.

Die Königin von England sitzt am Tisch! Vor ihr liegt ein Teller mit **belegten Broten**. Sie ist klein. Sie ist glücklich und sie lächelt.

"Hallo, meine Liebe", sagt sie.

"Guten Tag, Eure Majestät", sagt Ursula. Sie macht einen knicks.

"Danke, dass du zum Mittagessen gekommen bist", sagt sie.

"Es ist mir ein Vergnügen, Eure **Majestät**", sagt Ursula.

"Ich hoffe, es stört dicht nicht. Wir werden Tee anstatt eines förmlichen Mittagessens zu uns nehmen", sagt die Königin. Sie setzt sich wieder. Ursula erinnert sich an ihre Manieren. Sie setzt sich auch.

Die belegten Brote sind königliche belegte Brote, denkt sie. Sie sehen aus wie belegte Brote von zu Hause. Einige haben **Schinken** und **Käse** mit gelbem **Senf**. Andere haben einen **Mayonnaise**salat drauf. Neben einigen **Scones** gibt es einen Teller mit **Keksen**.

"Verzeihung, Eure Majestät", sagt Ursula.

"Ja, meine Liebe", sagt die Königin.

"Was ist auf dem belegten Brot?" fragt sie.

"Oh, das ist mein Lieblingssandwich", sagt die Königin: "Lauch-**Salat**-Sandwich."

"Oh, Lauch", sagt Ursula. Sie fühlt sich krank. Die Königin greift nach einem. Sie nimmt einen Bissen.

"Nimm eins, Liebes", sagt die Königin.

"Danke, Eure Majestät", sagt Ursula. Sie nimmt ein Lauch-Sandwich. Sie kann fühlen, wie sich ihr Magen dreht. Sie nimmt einen riesigen Bissen, weil sie so nervös ist. Ihr Gesicht wird weiß, dann grün.

"Alles in Ordnung, Liebes?" fragt die Königin. "Du siehst nicht gut aus."

"Mir geht es gut", sagt Ursula. Sie fühlt, wie sich ihr Magen dreht. Sie hat das Gefühl, sich übergeben zu müssen. Sie kann den Lauch nicht davon abhalten, wieder ihren Hals hoch zu kommen. Zumindest hielt sie sich an die anderen Regeln für das Mittagessen mit der Königin, denkt sie sich. Niemand hat je etwas von Erbrechen gesagt.

ZUSAMMENFASSUNG

Ursula ist ein junges Mädchen. Sie lebt in London, England. Sie ist besessen von der königlichen Familie. Sie isst mit ihrer Mutter zu Abend und sieht fern. Im Fernsehen verkünden sie einen Wettbewerb. Der Sieger darf mit der Königin zu Mittag essen. Am nächsten Tag, beim Frühstück, verkünden sie den Sieger: Es ist Ursula! Sie geht zum Mittagessen in den Buckingham Palace. Sie folgt den Regeln für das Essen mit der Königin. Die Königin hat spezielle belegte Brote zubereitet. Leider ist Lauchsalat nicht Ursulas Lieblingsessen. Sie fühlt sich krank, als sie sieht, wie die Königin das Sandwich isst.

VOKABELLISTE

ist	is
hat	has
sein	to be
haben	have
sind	are
Lauch	leeks
bin	am
Gemüse	vegetable
Karotten	carrots
Brokkoli	broccoli
Salat	salad
Mittag	lunch
muss	have to
Nachtisch	dessert
Trauben	grapes
Kirschen	cherries
Früchte	fruit
Sahne	cream
Zucker	sugar
Essen	meal
frühstückt	breakfast
Müsli	cereal
Eier	eggs
Speck	bacon
belegte Brote	sandwiches
Tee	tea
Schinken	ham
Käse	cheese
Senf	mustard
Kekse	cookies
Scones	scones
Salat	salad

FRAGEN

1) Was passiert, wenn Ursula zum ersten Mal Lauch probiert?
    a) sie liebt ihn
    b) ihre Mutter verbrennt ihn
    c) sie muss sich fast erbrechen
    d) sie merkt es nicht

2) Was ist eine Regel, wenn Sie mit der Königin von England essen?
    a) Sie dürfen erst essen, wenn sie isst
    b) Sie müssen blau tragen
    c) Sie müssen Sandwiches essen
    d) Sie müssen sich setzen bevor sie sitzt

3) Was hält Ursulas Mutter von dem Wettbewerb?
    a) Ursula hat eine Chance zu gewinnen
    b) es ist Betrug
    c) die Königin sollte nicht beteiligt sein
    d) Ursula wird niemals gewinnen

4) Was hat die Königin zum Mittagessen?
    a) ein guter Braten
    b) Lachs, ihr Favorit
    c) Teekekse und Sandwiches
    d) es ist streng geheim

.

5) Welche der folgenden Aussagen ist wahr?
    a) Ursula geht mitten im Essen
    b) Ursula kann ihre Reaktion auf Lauch nicht kontrollieren

c) die Königin hat die belegten Brote selbst gemacht

d) Sandwiches sind kein gutes Mittagessen

ANTWORTEN

1) Was passiert, wenn Ursula zum ersten Mal Lauch probiert?

c) sie muss sich fast erbrechen

2) Was ist eine Regel, wenn Sie mit der Königin von England essen?

a) Sie dürfen erst essen, wenn sie isst

3) Was hält Ursulas Mutter von dem Wettbewerb?

d) Ursula wird niemals gewinnen

4) Was hat die Königin zum Mittagessen?

c) Teekekse und Sandwiches

5) Welche der folgenden Aussagen ist wahr?

b) Ursula kann ihre Reaktion auf Lauch nicht kontrollieren

Translation of the Story
Lunch with The Queen

STORY

Ursula **is** a young girl. She lives in London, England. She studies at school. She loves to bake. She **has** an obsession: the royal family. She wants **to be** a princess.

One night, Ursula is at home. Her mother prepares her dinner. They **have** something new. Her mother brings the plate to the table.

"What **are** those?" asks Ursula.

"These are **leeks**," says Ursula's mom.

"Oh, I don't like leeks," says Ursula.

"Try them," says her mom. She tries them. She almost vomits.

"I **am** sick," says Ursula.

"No, you are not," says her mom.

"Please, give me any other **vegetable**," says Ursula. "**Carrots, broccoli, salad**?"

"Oh, Ursula, just eat your **meat** then," says her mom. She turns on the television. They watch the news. The report is about the Queen of England. Ursula stops eating. She pays close attention.

"Queen Elizabeth reigns in England for 68 years," says the news report. "She is married to Prince Phillip. They have four children."

The news report talks about the Queen. She lives in Buckingham Palace. She is very healthy, despite her age.

"I want to visit Buckingham Palace," says Ursula.

"Yes, dear," says her mom. They watch the program. The program announces a special competition. One person can win a visit to Buckingham Palace. The winner will eat **lunch** with the queen. Ursula screams.

"I **have to** win!" she shouts.

"I don't know," says her mom. "Many people enter the contest."

Ursula watches the program. She learns how to enter. She takes a picture of herself eating. Then she posts it on social media. She watches the program, which talks about eating with the Queen. She watches as they show what happened to a prince from the South Pacific.

The Queen is on a boat with the prince. They serve **dessert**. The prince forgets to watch the Queen. He takes some **grapes** and some **cherries** from the **fruit** on the table and puts them in his bowl. He pours **cream** over them. He sprinkles **sugar** on top. He starts to eat, and then he realizes the Queen has not. He makes a big mistake. The Queen takes her spoon. She eats a bit. That makes the prince feel better. He is very embarrassed.

"There are rules to eat with the Queen?" she asks her mom.

"Of course," says her mom.

"Like what?" asks Ursula.

"Well, the Queen begins the **meal** and ends the meal," says Ursula's mom.

"You mean you can't eat until she does," says Ursula.

"That's right," says her mom. "And when she finishes, you finish, too."

"What if you aren't finished?" asks Ursula.
"You are," says her mom. "And you must wait for the Queen to sit."

"Before you sit?" says Ursula.

"Right," says her mom. Ursula thinks about this. There are lots of rules if you are queen or princess. Ursula and her mom finish dinner. They go to sleep.

The next morning, Ursula wakes up. She is nervous about the contest. Today they announce the winner. She eats **breakfast** with her mom.

"I am nervous," she says.

"Ursula, you won't win," says her mom. "So many people are in the contest."

"Oh," says Ursula. She is sad. She eats her **cereal**. She is not hungry. Her **bacon** and **eggs** sit untouched.

They turn on the television.

"And we announce the winner of the Lunch with the Queen Contest," says the man on the TV. He puts his hand into a huge glass bowl full of papers. He moves his hand around. He pulls out a paper. He opens the paper.

"And the winner is…Ursula Vann!" he says.

Ursula looks at her mom. Her mom looks at her.

"Did you hear that?" she asks. Her mom nods, staring. Her mouth is open.
"Did I win?" she asks. Her mom nods, speechless.

"Woo-hoo!" shouts Ursula. "I knew I would! I'm going to see the queen!" Ursula finishes her food and goes to school.

The next day is the day for lunch with the Queen. Ursula walks up to the palace. She is terrified. She is only a young girl. This is a big adventure for such a young girl.

"Who arc you?" asks a guard.

"Ursula Vann," she says. "I won the contest to have lunch with the Queen."

"Oh, hello, young lady," the guard says. "You are a pretty young lass. Come in."
"Thank you," she says.

A guard takes her to the palace. It is grand, and very big. They walk through the halls. The guard has a funny hat. Ursula giggles. Then, she stops. They are in the dining room.

The Queen of England is sitting at the table! There is a plate of **sandwiches** in front of her. She is small. She is happy, and she is smiling.

"Hello, dear," she says.

"Hello, your majesty," Ursula says. She courtsies.

"Thank you for coming to lunch," she says.

"It is my pleasure, your **Majesty**," says Ursula.
"I hope you don't mind. We will be having **tea** instead of a proper lunch," says the Queen. She sits again. Ursula remembers her manners. She sits, too.

The sandwiches are royal sandwiches, she thinks. They look a lot like sandwiches from home, though. Some have **ham** and **cheese**, with a yellow bit of **mustard**. Others have a **mayonnaise** salad on them. There is a plate of **cookies** next to some **scones**.

"Pardon me, your Majesty," says Ursula.

"Yes, dear?" says the Queen.

"What is on that sandwich?" she asks.

"Oh, that's my favorite," says the Queen. "Leek **salad** sandwich."

"Oh, leeks," says Ursula. She feels sick. The Queen reaches for one. She takes a bite.

"Have one, dear," says the Queen.

"Thank you, your Majesty," says Ursula. She takes a leek sandwich. She can feel her stomach turn. She takes a huge bite because she is so nervous. Her face turns white, then green.

"Are you alright, dear?" asks the Queen. "You look quite unwell."

"I- I- I'm fine," says Ursula. She feels her stomach turning. She feels as if she will vomit. She can't stop the leeks from coming back up her throat. At least she followed the other rules for eating lunch with the Queen, she thinks. Nobody ever said anything about vomiting.

German Dialogues for Beginners
Book 4

Over 100 Daily Used Phrases and Short Stories to Learn German in Your Car. Have Fun and Grow Your Vocabulary with Crazy Effective Language Learning Lessons

www.LearnLikeNatives.com

CHAPTER 10
The Driver's License / question words

HANDLUNG

Wayne lebt in einer Stadt. Wayne ist vierzig Jahre alt. Normalerweise fährt er mit seinem Auto zur Arbeit. Wayne kommt heute zu spät zur Arbeit. Wayne fährt immer schneller. Er fährt über dem Tempolimit. Er muss pünktlich zur Arbeit. Heute hat er ein wichtiges Treffen.

Wayne hört ein Geräusch. Er schaut hinter sich. Hinter ihm ist ein Polizeiauto. Oh, nein, denkt er sich. Ich fahre ziemlich schnell. Er hält das Auto an. Der Polizeiwagen hält auch an. Ein Polizist steigt aus. Er geht zu Waynes Auto.
"Hallo", sagt der Polizist.

"Hallo, Herr Wachmeister", sagt Wayne.

"**Warum** habe ich Sie wohl angehalten?" fragt der Polizist.

"Ich weiß nicht, **welches** Gesetz breche ich?" fragt Wayne.

"Sie fahren viel zu schnell", sagt der Polizist.

"**Wie viele** Stundenkilometer bin ich über dem Tempolimit?" fragt Wayne.

"Genug", sagt der Polizist. "**Wo** wollen Sie denn so eilig hin?"
"Zur Arbeit", sagt Wayne.

"Zeigen Sie mir Ihren Führerschein", sagt der Polizist. Wayne holt seine Brieftasche raus. Er öffnet sie. Er zieht seinen Führerschein raus. Er gibt ihn dem Polizisten.

"Der ist abgelaufen", sagt der Polizist. "Sie stecken in großen Schwierigkeiten." Der Polizist sagt Wayne, er könne nicht mit einem abgelaufenen Führerschein fahren. Wayne muss einen neuen Führerschein beantragen. Wayne stimmt zu. Der Polizist sagt ihm, dass er heute nicht zur Arbeit fahren kann. Wayne muss ohne Auto auskommen.

Wayne muss aufhören, sein Auto zu fahren. Jetzt geht er auf andere Weise zur Arbeit. Er kann zwischen dem Zug oder dem Bus wählen. Manchmal fährt er mit dem Fahrrad. Wenn er zu spät kommt, nimmt er ein Taxi. Heute ist er wieder zu spät.

Wayne kommt im Büro an.

"Hallo, Wayne", sagt sein Kollege Xavier, "**wie** bist du hierher gekommen? Dein Führerschein ist abgelaufen, richtig?"

"Ja, das ist er", sagt Wayne. "Heute bin ich mit dem Taxi gekommen. **Wie weit** wohnst du entfernt von hier?" Xavier läuft normalerweise zur Arbeit.

"Ich wohne einen Kilometer entfernt", sagt Xavier. "**Wie lange** braucht ein Taxi, um hierher zu kommen?"

"Hmmm, ungefähr 20 Minuten", sagt Wayne.
"Nicht schlecht", sagt Xavier. "Und **wie viel** kostet das Taxi?"

"Etwa 20 Dollar", sagt Wayne.

"Oh, das ist ein bisschen teuer", sagt Xavier. "Welches Taxiunternehmen ist es?

"Birmingham Taxi", sagt Wayne. "Warum bist du so interessiert?"

"Meiner Familie gehört ein Taxiunternehmen", sagt Xavier. "Mein Bruder leitet es."

"Nett", sagt Wayne. "Kann ich eine Gratisfahrt bekommen?" Beide lachen. Wayne scherzt. Aber er muss sein Problem lösen. Er kann nicht jeden Tag für ein Taxi bezahlen. Er entschließt, dass er sich morgen um seinen Führerschein kümmert.
Am nächsten Tag fährt Wayne mit dem Bus zum Bürgeramt zur Führerscheinstelle. Das ist das Gebäude, wo die Leute ihren Führerschein bekommen. Er steigt aus dem Bus. Die Leute stehen draußen in einer Schlange. Viele Leute wollen ihren Führerschein abholen. Das Büro ist langsam. Er stellt sich in die Schlange. Nach einer Stunde ist er im Gebäude. Es gibt eine weiter Schlange, er wartet.

"**Wer** ist der Nächste?" fragt die Frau.

"Ich", sagt Wayne.

"Na, dann komm mal her!" sagt sie. Sie ist ungeduldig. "**Was** brauchst du?"

"Ich muss meinen Führerschein erneuern", sagt Wayne. "Gib mir deinen alten Führerschein", sagt sie.

"Ich habe ihn nicht", sagt Wayne. Sie starrt ihn an. Sie scheint wütend zu sein.

"**Warum hast** du ihn **nicht**?" fragt sie.

"Ich kann ihn nicht finden", sagt Wayne.

"**Mit wem** spreche ich?" fragt sie.

"Was meinen Sie damit?" fragt Wayne. Er ist verwirrt.

"Okay, Schlaumeier, sag mir deinen Vor- und Nachnamen", sagt sie. Wayne sagt es ihr.

"**Wie alt** bist du?" fragt sie.

"**Wofür**?" fragt Wayne.

"Ich muss dein Geburtsdatum bestätigen", sagt sie. "**Wann** bist du geboren?"

Wayne sagt es ihr. Sie schaut auf ihren Computer. Sie braucht viel Zeit. Sie schüttelt ihren Kopf.

"Ich kann dich nicht finden", sagt sie. "Es gibt heute ein Problem mit dem System. Komm morgen wieder."

"Ich kann nicht", sagt Wayne.

"Wenn du heute deinen Führerschein willst, musst du die Fahrprüfung machen", sagt sie.
"**Wieso**?" fragt Wayne.

"Der Computer sagt, du hast keinen Führerschein", sagt sie. Wayne braucht heute seinen Führerschein. Er geht zur anderen Reihe. Er macht die Fahrprüfung. Einfach denk er sich. Er weiß, wie man fährt. Alle anderen sind Jugendliche. Er ist der Älteste in der Reihe.

"**Wer** ist dran?" fragt ein großer Mann mit einem braunen Anzug.

"Ich", sagt Wayne. Er folgt dem großen Mann zum Auto. Sie steigen ins Auto. Wayne versucht sich an alles zu erinnern, was man bei einer Fahrprüfung macht. Er kontrolliert die Spiegel. Er legt den Sicherheitsgurt an. Er sieht, wie der Prüfer auf einen Merkzettel schreibt.

"Okay, los gehts", sagt der Prüfer.

Wayne fährt vorsichtig rückwärts aus der Parklücke. Er fährt langsam. Er benutzt seinen Blinker. Er begibt sich auf die Straße und fährt unter dem Tempolimit. Der Prüfer leitet ihn durch die Stadt. Wayne achtet darauf, an gelben Ampeln anzuhalten und den Blinker zu benutzen. Wayne macht gute Arbeit.

Wayne denkt, dass er besteht. Der Prüfer leitet ihn zurück zur Führerscheinstelle. Der Prüfer weist ihn an, zu stoppen.

"Jetzt müssen Sie seitlich einparken", sagt der Prüfer. Wayne parkt nie seitlich ein. Er ist nervös. Der Prüfer führt ihn zu einem winzigen Parkplatz. Wayne quetscht das Auto in die Parklücke. Er ist fast fertig mit dem Parken, aber dann hört er einen blechernen Ton. Er rammt das Auto hinter sich.

"Oh, nein", sagt Wayne.

"Damit sind sie direkt durchgefallen", sagt der Prüfer. "Tut mir leid, Sie haben die Fahrprüfung nicht bestanden."

Wayne steigt aus dem Auto, damit der Prüfer das Auto zurück fahren kann.

"Seit wie vielen Jahren fahren Sie schon Auto?" fragt der Prüfer.

"vierundzwanzig", sagt Wayne. Er schämt sich. Er muss morgen wiederkommen.

ZUSAMMENFASSUNG

Wayne hat einen Führerschein. Er ist abgelaufen, Wayne muss Taxis, Busse und andere Verkehrsmittel nutzen. Er beschließt, seinen Führerschein zu verlängern. Er geht zur Führerscheinstelle, um es zu tun. Er wartet in einer langen Schlange und muss viele Fragen beantworten. Es gibt ein Problem mit dem Computersystem. Wayne muss die Fahrprüfung machen. Er macht einen guten Job mit dem Prüfer im Auto. Allerdings fällt Wayne bei seinem

Test durch, weil er das seitliche Einparken nicht geübt hat.

VOKABELLISTE

warum	why
welche	which
wie viele	how many
wo	where
wie	how
wie weit	how far
wie lange	how long
wie viel	how much
wer	who
was	what
warum nicht	why don't
mit wem	with whom
wie alt	how old
wofür	what for
wann	when
wieso	how come
wer/wessen	whose
wie viele	how many

FRAGEN

1) Warum wird Wayne vom Polizisten angehalten?
    a) er fährt über eine rote Ampel
    b) sein Auto ist kaputt
    c) er fährt zu schnell
    d) er ist ein Krimineller

2) Wayne bekommt großen Ärger mit dem Polizisten, weil ...
    a) sein Führerschein abgelaufen ist
    b) sein Auto nicht zugelassen ist
    c) er auf den Polizisten spuckt
    d) er dem Polizeibeamten nicht antwortet

3) Welches davon kostet Wayne 20 Dollar, um zur Arbeit zu kommen?
    a) Fahrrad
    b) Bus
    c) Zug
    d) Taxi

4) Wayne taucht nicht im Computersystem der Führerscheinstelle auf. Warum?
    a) er hatte nie einen Führerschein
    b) er hat einen schlechten Tag
    c) es gibt ein Problem mit dem System
    d) sein Geburtsdatum ist falsch

.
5) Warum hat Wayne seinen Test nicht bestanden?
    a) er ist ein unerfahrener Autofahrer
    b) er parkt schlecht, weil er die Art des Parkens nicht benutzt hat
    c) er parkt schlecht, weil das Auto zu groß ist
    d) er betrunken ist

ANTWORTEN

1) Warum wird Wayne vom Polizisten angehalten?
    c) er fährt zu schnell

2) Wayne bekommt großen Ärger mit dem Politisten, weil ...
    a) sein Führerschein abgelaufen ist

3) Welches davon kostet Wayne 20 Dollar, um zur Arbeit zu kommen?
    d) Taxi

4) Wayne taucht nicht im Computersystem der Führerscheinstelle auf. Warum?
    c) es gibt ein Problem mit dem System

5) Warum hat Wayne seinen Test nicht bestanden?
    b) er parkt schlecht, weil er die Art des Parkens nicht benutzt hat

Translation of the Story
The Driver's License

STORY

Wayne lives in a city. Wayne is forty years old. He usually drives his car to work. Wayne is late to work today. Wayne drives faster and faster. He drives over the speed limit. He needs to get to work on time. Today he has an important meeting.

Wayne hears a sound. He looks behind him. There is a police car behind him. Oh, no, he thinks. I am going rather fast. He stops the car. The police car stops, too. A policeman gets out. He walks over to Wayne's car.

"Hello," says the police officer.
"Hello, sir," says Wayne.

"**Why** do you think I pulled you over?" asks the policeman.

"I don't know. **Which** law am I breaking?" asks Wayne.

"You are going way too fast," says the policeman.

"**How many** kilometers per hour am I over the speed limit?" asks Wayne.

"Enough," says the policeman. "**Where** are you going in such a hurry?"

"To work," says Wayne.

"Show me your driver's license," says the officer. Wayne takes out his wallet. He opens it. He pulls out his driver's license. He gives it to the police officer.

"This is expired," says the officer. "You're in big trouble." The officer tells Wayne he can't drive with an expired license. Wayne must get a new license. Wayne agrees. The officer tells him he can't drive to work today. Wayne must live without a car.

Wayne has to stop driving his car. Now he goes to work other ways. He can choose between the train or the bus. Sometimes, he rides his bike. If he is late, he takes a taxi. Today, he is late again.

Wayne arrives to the office.

"Hi, Wayne," says his colleague, Xavier. "**How** did you get here? Your license is expired, right?"

"Yes, it is," says Wayne. "Today I am in taxi. **How far** is your house from here?" Xavier usually walks to work.

"My house is a kilometer away," says Xavier. "**How long** does a taxi take to get here?"

"Oh, about twenty minutes," says Wayne.

"Not bad," says Xavier. "And **how much** does the taxi cost?"

"About twenty dollars," says Wayne.

"Oh, that is a bit expensive," says Xavier. "Which taxi company is it?

"Birmingham Taxi," says Wayne. "Why are you so interested?"

"My family owns a taxi company," says Xavier. "My brother runs it."

"Nice," says Wayne. "Can I get a free ride?" They both laugh. Wayne is kidding. But he needs to solve his problem. He can't pay for a taxi every day. He decides tomorrow he is going to get his license.

The next day, Wayne takes the bus to the DMV, the Department of Motor Vehicles. This is the building where people get their driver's license. He gets out of his car. There is a line outside. Many people have to get their license. The office is slow. He gets in the line. After an hour, he is inside the building. There is another line. He waits.

"**Who** is next?" asks the woman.

"Me," says Wayne.

"Well, come on!" she says. She is impatient. "**What** do you need?"

"I need to renew my license," says Wayne.

"Give me your old card," she says.

"I don't have it," says Wayne. She stares at him. She seems angry.
"**Why don't** you have it?" she asks.

"I can't find it," says Wayne.

"**With whom** am I speaking?" she asks.

"What do you mean?" asks Wayne. He is confused.

"Ok, smart guy, tell me your first and last name," she says. Wayne tells her.

"**How old** are you?" she asks.

"**What for**?" asks Wayne.

"I have to confirm your birth date," she says. "**When** were you born?"
Wayne tells her. She looks at her computer. She takes a long time. She shakes her head.

"I can't find you," she says. "There is a problem with the system today. Come back tomorrow."

"I can't," says Wayne.

"If you want your license today, you will have to take the driving test over," she says.

"**How come**?" asks Wayne.

"The computer says you have no license," she says. Wayne needs his license today. He goes to the other line.

He will take his driver's test. Easy, he thinks. He knows how to drive. All the other people are teenagers. He is the oldest in this line.

"**Whose** turn is it?" asks a big man with a brown suit.

"Mine," says Wayne. He follows the big man to his car. They get in the car. Wayne tries to remember everything you do in a driver's test. He checks the mirrors. He puts on his seatbelt. He sees the examiner writing on a notepad.

"Okay, let's go," says the examiner.

Wayne carefully backs out of the parking space. He drives slowly. He uses his turn signal. He gets on the road and drives under the speed limit. The examiner directs him through the town. Wayne makes sure to stop at yellow lights and to use his blinker. Wayne does a good job.

Wayne thinks he passes. The examiner directs him back to the DMV. However, the examiner tells him to stop.

"Now you must parallel park," says the examiner. Wayne never parallel parks. He is nervous. The examiner directs him to a tiny parking space. Wayne turns the car into the space. He is almost finished parking. But then he hears a 'ding' sound. His car hits the car behind him.

"Oh, no," says Wayne.

"That is an automatic fail," says the examiner. "Sorry, you fail your driver's test."

Wayne gets out of the car to let the examiner drive the car back to the office.

"How many years have you been driving?" asks the examiner.

"Twenty-four," says Wayne. He is ashamed. He has to come back tomorrow.

CHAPTER 11
At the Travel Agency / likes and dislikes

HANDLUNG

Yolanda und Zelda sind Schwestern. Sie sind sehr beschäftigt. Sie leben beide in New York City. Yolanda ist eine Friseurin für Prominente. Zelda ist Anwältin und hat zwei Kinder. Sie sind so beschäftigt, dass sie sich manchmal monatelang nicht sehen.

Yolanda hat eines Tages eine Idee. Sie ruft Zelda an.

"Zelda, Liebes! Wie geht es dir?" fragt sie.
"Gut, Schwester", sagt Zelda. "Wie geht es dir?"

"Toll! Ich habe eine großartige Idee", sagt Yolanda. "**Wir sollten** zusammen verreisen!"

"Was für eine tolle Idee", sagt Zelda. "**Ich liebe** sie! Wohin?"

"Ich weiß nicht, irgendwo", sagt Yolanda. "Wo auch immer! **Ich würde** mit dir überall hingehen!"

"Lass uns morgen ins Reisebüro gehen", sagt Zelda. "Die können helfen."

Die Schwestern treffen sich am nächsten Tag. Zelda bringt Broschüren mit Ideen für Urlaubsreisen mit. Die Broschüren bieten verschiedene Arten des Tourismus an.

Es gibt Erholungsreisen, wie Entspannung und Spaß am Strand. Es gibt Kulturreisen wie Sightseeing oder Museumsbesuche, um mehr über Geschichte und Kunst zu erfahren. Abenteuerreisen sind für Menschen, **die es lieben**, ferne Orte zu erkunden und Extremsportarten auszuüben. Ökotourismus ist eine auf die Belange von Umwelt und ansässiger Bevölkerung besondere Rücksicht nehmende Form des Tourismus.

Yolanda liest die Zeitungen. Gesundheitstourismus ist Reisen zur Pflege von Körper und Geist durch den Besuch von Orten wie Kurorten. Religiöser Tourismus ist Reisen, um religiöse Veranstaltungen oder wichtige religiöse Orte zu besuchen.

"Es gibt so viele Arten von Reisen", sagt Yolanda.

"Ja", sagt Zelda. "**Ich** reise **gerne** aus einem bestimmten Grund. Ich kann es nicht ertragen, am Strand zu liegen und nichts zu tun." Yolanda mag den Strand. Sie macht gerne nichts im Urlaub, sie sagt nichts.

Die Schwestern kommen im Reisebüro an. Der Reiseanbieter ist eine Frau. Sie scheint nett zu sein. Yolanda und Zelda setzen sich mit ihr hin.

"Wie kann ich Ihnen helfen?" fragt die Reiseanbieterin.

"Wir würden gerne verreisen", sagt Yolanda.

"Was für eine Reise?" fragt die Reiseanbieterin.

"**Ich bin verrückt nach** Kultur", sagt Zelda. "Ich liebe Museen, ich liebe Kunst."

"**Ich würde lieber** irgendwo hingehen, wo die Sonnen scheint. Ich liebe Außenaktivitäten", sagt Yolanda.

"Menschen reisen aus vielen Gründen", sagt die Reiseanbieterin. "Wie wäre es mit Barcelona?"

"Oh, ich weiß nicht", sagt Zelda. "**Ich kann es nicht ertragen**, die Landessprache nicht zu kennen."

"Wir sprechen kein Spanisch", sagt Yolanda.

"Würde Ihnen Paris gefallen?" fragt die Reiseanbieterin. "Es gibt dort sehr gute Museen und Restaurants."

"Wir sprechen auch kein Französisch", sagen sie beide. "Wie wäre es mit London?" fragt die Reiseanbieterin.

"Toll!" sagt Zelda.

"So regnerisch!" sagt Yolanda zur gleichen Zeit. Die Schwestern sehen sich gegenseitig an.

"Du hast gesagt, dir ist es egal Yoli", sagt Zelda.

"Ich will mit dir reisen", sagt Yolanda. "**Ich bin nicht sauer wegen** London. **Ich verabscheue** den Regen!"

"Komm schon, Yolanda", sagt Zelda. "Bitte!"

Die Reiseanbieterin zeigt den Frauen Bilder von London. Sie sehen die berühmten Gebäude. Yolanda möchte Big Ben sehen. Zelda ist begeistert vom Tate Modern Kunstmuseum.

"Was für ein Hotel möchten Sie?" fragt die Reiseanbieterin.

"Wir könnten ein Airbnb nehmen", sagt Yolanda.

"Nein, **ich hasse** es, im Zuhause anderer Leute zu wohnen", sagt Zelda.

"Wir haben schöne Hotels im Zentrum der Stadt", sagt die Reiseanbieterin.

"Das klingt toll", sagt Zelda.

Zelda bevorzugt Luxushotels. Sie weiß, dass Yolanda ausgefallene Hotels **nicht besonders mag**. Aber Zelda macht nie Urlaub. Sie will, dass dieser Urlaub perfekt wird. Die Reiseanbieterin zeigt den Schwestern Bilder. Die Hotelzimmer sind riesig. Einige haben ein Badewanne in der Mitte des Raumes.

"Die sind wunderschön", sagt Zelda. "Macht es dir was aus, wenn wir in einem schicken Hotel wohnen, Yolanda?"

"**Überhaupt nicht**", sagt Yolanda. Zelda weiß, dass sie schicke Hotels **nicht mag**. Yolanda fühlt sich traurig, Zelda macht, was sie will.

"**Was würden Sie gerne** tun, solange Sie in London sind?" fragt die Reiseanbieterin.

"Wir würden gerne in Museen gehen, den Palast besuchen und einige Kunstgalerien besuchen", sagt Zelda.

"Okay", sagt die Reiseanbieterin, "Das ist wahrscheinlich genug, um Ihre Zeit in London auszuschöpfen."

Yolanda sagt nichts. Die Schwestern zahlen und verlassen das Reisebüro. Zelda ist glücklich, Yolanda wünscht sich der Urlaub wäre mehr nach ihrem Geschmack. Sie geht nach Hause. Sie denkt über die Reise nach. Sie lächelt. Sie hat einen Plan.

Am nächsten Tag kehrt Yolanda zum Reisebüro zurück.

"Hallo, Yolanda", sagt die Reiseanbieterin. "Wie kann ich Ihnen helfen?"
"**Wir wollen** unsere Reise etwas ändern", sagt Yolanda.

"Kein Problem", sagt die Reiseanbieterin.

"**Wir wollen lieber** an einen sonnigen Ort", sagt Yolanda.

"Natürlich", sagt die Reiseanbieterin. Die Reiseanbieterin schlägt viele verschiedene Orte vor. Yolanda unterzeichnet einige neue Papiere. Sie gibt der Reiseanbieterin Geld für die Veränderungen. Sie stellt sich Zelda im Urlaub vor. Sie lächelt. Zelda **mag** Überraschungen.

Es ist Wochenende. Es ist Zeit für Yolandas und Zeldas Urlaub. Die Schwestern treffen sich am Flughafen. Sie sind aufgeregt. Yolanda ist nervös.

"Ich habe dir Kaffee gebracht", sagt sie. Zelda nimmt den Kaffee.

"Danke", sagt sie. Sie trinkt einen Schluck. "Oh, aber **ich hasse** Zucker in meinem Kaffee, Yoli!"

Yolanda entschuldigt sich. Sie nimmt beide Kaffees in die Hände. Jetzt kann sie ihren Koffer nicht tragen.

Die beiden Schwestern gehen durch die Sicherheitskontrolle. Sie warten, bis sie an Bord des Flugzeugs können. Auf dem Bildschirm steht "Flug 361 nach London / mit Anschlussflug / British Airways". Yolanda lächelt, als sie ins Flugzeug steigen.

Der Flug dauert sechs Stunden. Yolanda und Zelda schlafen. Sie wachen auf, als das Flugzeug auf dem Flughafen in London eintrifft. Die Flugbegleiterin benutzt den Lautsprecher. "Wenn Sie in London bleiben oder einen Weiterflug haben, verlassen Sie bitte das Flugzeug."

Zelda steht auf. Yolanda nicht.

"Komm schon, Yolanda", sagt Zelda. Yolanda bewegt sich nicht.

"Gehen wir!" sagt Zelda.

"Eigentlich, Schwester", sagt Yolanda, "Es gibt eine Planänderung. Wir bleiben in diesem Flugzeug."

Zelda sieht verwirrt aus.

Die Flugbegleiterin benutzt wieder den Lautsprecher: "Wenn Sie zu unserem nächsten Ziel reisen, bleiben Sie auf Ihren Plätzen. Nächster Halt - Fidschi!"

ZUSAMMENFASSUNG

Zwei Schwestern, Yolanda und Zelda, wollen zusammen verreisen. Sie gehen zum Reisebüro. Sie sind sehr verschieden. Es ist schwierig für sie, sich auf einen Ort zu einigen. Zelda mag es Kunst und Kultur zu sehen. Yolanda bevorzugt es am Strand zu liegen. Schließlich entscheiden sie, wohin sie gehen möchten. Aber am nächsten Tag kehrt Yolanda zum Reisebüro zurück. Sie ändert das Ziel. Zelda erfährt es, wenn ihr Flugzeug landet.

VOKABELLISTE

Wir sollten	we should
Ich liebe	I love
Ich würde	I would
Ich liebe es	I adore
Ich genieße es	I enjoy
Ich kann es nicht ertragen	I can't stand
wir möchten gerne	we would like
Ich bin verrückt nach	I'm crazy about
Ich ziehe es vor	I prefer
Ich ertrage es nicht	I can't bear
würdest du gerne	would you like
Ich bin nicht sauer	I'm not mad about
Ich verabscheue	I detest

Ich hasse	I loathe
nicht mögen	doesn't like
besonders	very much
überhaupt nicht	not at all
nicht mögen	dislikes
was würden sie gerne	what would you like
wir wollen	we want
wir würden lieber	we would rather
mögen	likes
Ich hasse	I hate

FRAGEN

1) Woher kennen sich Yolanda und Zelda?

    a) sie sind Freunde

    b) sie sind Schwestern

    c) sie arbeiten zusammen

    d) sie sind Nachbarn

2) Was macht Zelda gerne im Urlaub?

    a) Kunst und Kultur ansehen

    b) am Strand liegen

    c) sich entspannen

    d) was sich ergibt

3) Welche der folgenden Entscheidungen trifft Yolanda beim ersten Treffen mit der Reiseanbieterin?

    a) wohin sie gehen

    b) wo sie wohnen

    c) was sie unternehmen

    d) keines der oben genannten

4) Was macht Yolanda, wenn sie zum zweiten Mal zum Reisebüro geht?
    a) fordert ihr Geld zurück
    b) die Reise stornieren
    c) den Bestimmungsort ändern
    d) Zelda anrufen

5) Was passiert, wenn die Schwestern in London landen?
    a) sie gehen in ihr Hotel
    b) sie gehen in ein Museum
    c) das Flugzeug stürzt ab
    d) Yolanda überrascht Zelda mit einem neuen Bestimmungsort

ANTWORTEN

1) Woher kennen sich Yolanda und Zelda?
    b) sie sind Schwestern

2) Was macht Zelda gerne im Urlaub?
    a) Kunst und Kultur ansehen

3) Welche der folgenden Entscheidungen trifft Yolanda beim ersten Treffen mit der Reiseanbieterin?
    d) keiner der oben genannten

4) Was macht Yolanda, wenn sie zum zweiten Mal zum Reisebüro geht?
    c) den Bestimmungsort ändern

5) Was passiert, wenn die Schwestern in London landen?
    d) Yolanda überrascht Zelda mit einem neuen Bestimmungsort

Translation of the Story
At the Travel Agency

STORY

Yolanda and Zelda are sisters. They have very busy lives. They both live in New York City. Yolanda is a hairdresser for celebrities. Zelda is a lawyer and has two children. They are so busy, sometimes they don't see each other for months.

Yolanda has an idea one day. She calls Zelda.

"Zelda, dear! How are you?" she asks.

"Fine, sis," says Zelda. "How are you?"

"Great! I've had a marvelous idea," says Yolanda. "**We should** take a trip together!"

"What a great idea," says Zelda. "**I love** it! Where to?"

"I don't know, anywhere," says Yolanda. "Wherever! **I would love** to go anywhere with you!"

"Let's go to the travel agency tomorrow," says Zelda. "They can help."

The sisters meet the next day. Zelda brings pages of research on vacations. The pages talk about different types of tourism. There is recreational tourism, like relaxing and having fun at the beach. There's cultural tourism like sightseeing or visiting museums to learn about history and art. Adventure tourism is for people who **adore** exploring distant places and extreme activities. Ecotourism is traveling to natural environments.

Yolanda reads the papers. Health tourism is travel to look after your body and mind by visiting places like spa resorts. Religious tourism is travel to celebrate religious events or visit important religious places.

"There are so many types of travel," says Yolanda.

"Yes," says Zelda. "**I enjoy** traveling for a reason. I can't stand lying on the beach, doing nothing." Yolanda likes the beach. She likes doing nothing on vacation. She doesn't say anything.

The sisters arrive to the travel agency. The travel agent is a woman. She seems nice. Yolanda and Zelda sit down with her.

"How can I help you?" asks the agent.

"We would like to take a trip," says Yolanda.

"What kind of trip?" asks the agent.

"**I'm crazy about** culture," says Zelda. "I love museums. I love art."

"**I would rather** go somewhere with sunshine. I love outdoor activities," says Yolanda.

"People travel for lots of reasons," says the agent. "How about Barcelona?"

"Oh, I don't know," says Zelda. "**I can't bear** not knowing the local language."

"We don't speak Spanish," says Yolanda.

"Would you like Paris?" asks the agent. "There are very good museums and restaurants."

"We don't speak French, either!" they both say.

"How about London?" asks the agent.

"Great!" says Zelda.

"So rainy!" says Yolanda at the same time. The sisters look at each other.

"You said you don't care Yoli!" says Zelda.

"I want to travel with you," says Yolanda. "**I'm not mad about** London, though. **I detest** the rain!"

"Come on, Yolanda," says Zelda. "Please!"

The agent shows the women pictures of London. They see the famous buildings. Yolanda would like to see Big Ben. Zelda is excited about the Tate Modern art museum.

"What kind of hotel would you like?" asks the agent.

"We could get an Airbnb apartment," says Yolanda.

"No, **I loathe** staying in other people's homes," says Zelda.

"We have beautiful hotels in the center of the city," says the agent.

"That sounds great," says Zelda.

Zelda prefers luxurious hotels. She knows Yolanda **doesn't like** fancy hotels **very much**. But Zelda never goes on vacation. She wants this vacation to be perfect. The travel agent shows the sisters pictures. The hotel rooms are huge. Some have a bath in the middle of the room.

"Those are gorgeous," says Zelda. "Do you mind if we stay in a fancy hotel, Yolanda?"

"**Not at all**," says Yolanda. Zelda knows she **dislikes** fancy hotels. Yolanda feels sad. Zelda does what she wants.

"**What would you like** to do while in London?" asks the travel agent.

"We would love to go to all the museums, visit the Palace, and visit some art galleries," says Zelda.

"Okay," says the travel agent. "That's probably enough to fill your time in London."

Yolanda doesn't say anything. The sisters pay and leave the travel agent. Zelda is happy. Yolanda wishes the vacation was more her style. She goes home. She thinks about the trip. She smiles. She has a plan.

The next day, Yolanda returns to the travel agent.

"Oh hello, Yolanda," says the agent. "How can I help you?"

"**We want** to change our trip a bit," says Yolanda.

"No problem," says the travel agent.

"**We would rather** go to somewhere sunny," says Yolanda.

"Of course," says the travel agent. The travel agent suggests many different locations. Yolanda signs some new papers. She gives the agent money for the change. She imagines Zelda on vacation. She smiles. Zelda **likes** surprises.

It is the weekend. It is time for Yolanda and Zelda's trip. The sisters meet at the airport. They are excited. Yolanda is nervous.

"I brought you coffee," she says. Zelda takes the coffee.

"Thanks," she says. She takes a sip. "Oh, but **I hate** sugar in my coffee, Yoli!"

Yolanda apologizes. She takes both coffees in her hands. Now she can't carry her suitcase.

The two sisters go through security. They wait to board the plane. The screen says "Flight 361 to London / With Connections / British Airways". Yolanda smiles as they get on the plane.

The flight lasts six hours. Yolanda and Zelda sleep. They awake as the plane pulls into the airport in London. The flight attendant uses the speaker. "If you are staying in London or have a connection, please stand and leave the plane."

Zelda stands up. Yolanda does not.

"Come on, Yolanda," says Zelda. Yolanda doesn't move.

"Let's go!" says Zelda.

"Actually, sis," says Yolanda. "There is a change of plans. We are staying on this plane."

Zelda looks confused.

The flight attendant uses the speaker again. "If you are traveling through to our next destination, remain in your seats. Next stop—Fiji!"

CHAPTER 12
Valentine's Day in Paris / prepositions

HANDLUNG

Charles und Dana sind Freund und Freundin. Sie sind verliebt. Charles will etwas Besonderes zum Valentinstag machen. Er lädt Dana nach Paris ein. Paris ist die Stadt der Liebe. Viele Menschen reisen nach Paris, um dort romantische Zeit mit ihrem Partner zu verbringen. Vielleicht sind es die Filme, das Essen oder die schönen Gebäude? Paris wirkt immer romantisch.

Das Paar kommt am 13. Februar in Paris an. Das Flugzeug landet. Sie sind begeistert. Charles und Dana sammeln ihr Gepäck ein.
"Gehen wir ins Hotel", sagt Charles.

"Wie?" fragt Dana.

"Wir können den Zug ins Stadtzentrum nehmen", sagt Charles. **Vor dem** Paar steht ein Schild für den Flughafenzug. Sie folgen den Pfeilen, **unter** ihnen. Sie gehen **über** die Hängebrücke, bis sie zum Eingang des Zuges kommen. Die gehen zum Ticketautomaten.

"Welches Ticket kaufen wir?" fragt Dana. Sie starren beide auf die Maschine.

"Keine Ahnung", sagt Charles. "Das Hotel ist **im** 7. Bezirk." Charles rät, welches Ticket man kaufen soll. Er kauft es und sie gehen zum Bahnsteig. **Oberhalb** der Gleise gibt es ein Schild. Es sagt, wohin jeder Zug fährt. Ein Zug nähert sich. Auf dem Schild steht "centre-ville". Sie steigen **in** den Zug.

Als der Zug das Ziel erreicht, steigen sie **aus** dem Zug aus. Sie steigen die U-Bahn-Treppe hinauf. Sie gehen hinaus. Der Eiffelturm ragt **über** ihnen.

"Es ist wunderschön", sagt Dana.

"Ja, es ist erstaunlich", sagt Charles.

"Ich will **nach** oben", sagt Dana.

"Wusstest du, dass sie alle sieben Jahre den Turm streichen?" fragt Charles. "Mit 50 Tonnen Farbe!"

"Das wusste ich nicht", sagt Dana. Charles erzählt ihr mehr über den Eiffelturm. Er wurde 1889 gebaut. Er ist nach Gustave Eiffel, dem für das Projekt verantwortlichen Architekten, benannt. 41 Jahre lang war es das höchste Bauwerk der Welt. Es gibt viele Nachbildungen des Turms **auf** der ganzen Welt. Es gibt sogar eine Nachbildung in Originalgröße in Tokio.

"Ich liebe Paris", sagt Dana.

"Gehen wir ins Hotel", sagt Charles. Sie gehen zum nahegelegenen Hotel. Es ist direkt **hinter** dem Eiffelturm.

Am nächsten Tag ist Valentinstag. Das Paar hat ein spezielles Mittagessen geplant. Sie gehen ins Restaurant

Epicure. Es ist eines der romantischsten Restaurants der Stadt.

"Bist du bereit?" fragt Charles.
"Ja", sagt Dana. "Wie kommen wir dort hin?" Sie gehen **aus** dem Hotel.

"Es ist gleich **hinter** den Champs-Élysées", sagt Charles. Sie gehen die Straße **hinunter**. Sie gehen **in Richtung** des Flusses. Es ist ein schöner Tag. Die Sonne scheint. Dana bemerkt, wie schön die Bauwerke sind. Sie sind alle sehr alt.

"Wir sollten solche Gebäude in Amerika haben", sagt Dana.

"Sie sind älter als Amerika", sagt Charles. Charles und Dana gehen am Fluss **entlang**. Sie halten Händchen. Paris ist eine Stadt für Verliebte.

Epicure liegt **in der Nähe** des zentralen Einkaufsviertels. Sie passieren Geschäfte wie Louis Vuitton und Pierre Hermé. Dana bleibt stehen und schaut in die Fenster. Das Restaurant liegt **neben** einem ihrer Lieblingsgeschäfte.

"Bitte, können wir reingehen", sagt sie. Als sie **durch** die Tür von Hermès gehen, weiß Charles, dass er in Schwierigkeiten ist. Überall sind Handtaschen und Seidentücher. Dana dreht durch. Sie nimmt zwei Seidentücher **von** einer Vitrine. Sie schnappt sich eine Tasche **von** einem Haufen Handtaschen.

"Bitte, Charles?" fragt sie ihn. "Ein kleines Souvenir aus Paris?" Charles denkt nach. Die drei Sachen kosten so viel wie die Flugtickets nach Paris. Allerdings ist Valentinstag. Er ist einverstanden. Dana bringt die Seidentücher und die Handtasche an die Kasse. Charles bezahlt mit seiner Kreditkarte. Sie verlassen das Geschäft. Dana ist überglücklich.

Charles und Dana gehen weiter die Straße runter. Sie sehen das Epicure nicht.

"Es ist genau hier", sagt Charles.

"Wo genau?" fragt Dana.

"Hier", sagt Charles. "Das sagt Google Maps."

"Ich sehe es nicht", sagt Dana.

Charles ruft das Restaurant von seinem Telefon an. "Hallo, wir können das Restaurant nicht finden", sagt er. Er hört zu. Die Person spricht Französisch. "Sprechen Sie Englisch? Nein?" Die Person legt auf.

"Sie sprechen kein Englisch", sagt Charles.
"Es muss hier sein", sagt Dana. Sie entdeckt eine kleine Gasse. Sie geht in die Seitengasse und läuft ein Stück.

"Hier ist es", sagt sie. Das Restaurant ist **in** der Seitengasse, versteckt ganz **am** Ende.

"Gott sei Dank", sagt Charles. "Wir sind schon spät dran!" Sie betreten das Restaurant.

"Haben Sie reserviert?" fragt der Kellner.

"Ja", sagt Charles. "Wir sind etwas spät dran, Charles."

"Folgen Sie mir", sagt der Kellner. Sie folgen dem Kellner. Sie gehen zwischen Tischen mit weißen Tischdecken. Sie sind die ersten Gäste. Das Restaurant ist leer.
"Es ist schön", sagt Dana. Sie sitzen an ihrem Tisch. Es hat frische Blumen **darauf**. Ihr Tisch ist **neben** dem Feuer. Ein goldener Kronleuchter hängt von der Decke.

"Was hätten Sie gerne?" fragt der Kellner.

"Das Huhn mit Pilzen und die Makkaroni mit Gänseleber und Artischocke", sagt Charles.

"Ich empfehle die Makkaroni **vor** dem Huhn", sagt der Kellner.

"Okay", sagt Charles.

"Das Huhn wird mit einem Beilagensalat serviert", sagt der Kellner.

"Perfekt", sagt Charles. "Und bitte bringen Sie uns etwas Champagner." Charles winkt dem Kellner zu.

"Warum zwinkerst du ihm zu?" fragt Dana.

"Das wollte ich nicht!" sagt Charles.

Dana und Charles sind sehr glücklich. Das Restaurant ist eines der besten in Paris. Es hat drei Michelin-Sterne.

Der Kellner nähert sich Charles mit den Makkaroni von **hinten**. Sie sind sehr üppig. Sie haben schwarze Trüffel oben drauf. Sie sind sich einig, es sind die besten Makkaroni, die sie je hatten.

Der Kellner rollt einen Wagen zum Tisch. Er hat zwei Gläser, eine Flasche Champagner und eine schwarze Schachtel. Der Kellner öffnet den Champagner und schenkt ihn Charles und Dana ein. Er lässt die schwarze Schachtel auf dem Tisch.

"Was ist das?" fragt Dana.

"Dana, willst du mich heiraten?" fragt Charles. Er hebt den Deckel der schwarzen Schachtel. **Darunter** befindet sich ein riesiger Diamantring. Er legt ihn an Danas Finger.

"Ja!" ruft Dana.

Paris ist wirklich die Stadt der Liebe.

ZUSAMMENFASSUNG
Charles und Dana sind verliebt. Sie machen zum Valentinstag eine Reise nach Paris. Sie verirren sich bei der Suche nach ihrem Hotel. Sie verstehen die Metro nicht. Weder Charles noch Dana sprechen Französisch. Charles reserviert ein spezielles Essen für den Valentinstag. Dana kann den Geschäften von Paris nicht widerstehen. Sie haben schwierigkeiten das Restaurant zu finden. Dana findet das Restaurant in einer Gasse. Beim Essen hat Charles eine Überraschung für Dana. Was ist es? Ein Zeichen wahrer Liebe. Ein Kellner im

Restaurant bringt den Ring mit dem Champagner. Charles bittet Dana, ihn zu heiraten.

VOKABELLISTE

vor	in front of
unter	beneath
über	across
im	in
oberhalb	above
in	into
aus	off
über	above
nach	to
auf	around
hinter	behind
aus	out of
hinter	past
hinunter	down
in Richtung	toward
entlang	along
in der Nähe	near
neben	next to
durch	through
von	from
von	amongst
in	within
am	at
zwischen	between
darauf	on
neben	beside
vor	before
mit	with

hinter	behind
darunter	below

FRAGEN

1) Wer hatte die Idee, für die Reise nach Paris?
    a) Charles
    b) der Vater von Charles
    c) das Reisebüro
    d) Dana

2) Was sehen Charles und Dana als Erstes in Paris?
    a) der Louvre
    b) die Champs-Élysées
    c) das Hotel
    d) den Eiffelturm

3) Welche andere Stadt der Welt hat einen originalgroßen Eiffelturm?
    a) New York
    b) Tokio
    c) Dubai
    d) Hong Kong

4) Was überzeugt Dana Charles am Valentinstag zu tun?
    a) nach Hause zu gehen
    b) ins Museum zu gehen
    c) ihr etwas bei Hermes zu kaufen
    d) aufhören zu trinken

5) Wie gibt Charles Dana den Verlobungsring?
    a) ein Kellner bringt ihn mit dem Champagner

b) er tut ihn in ihr Eis
c) er nimmt ihn aus seiner Tasche
d) er geht auf die Knie

ANTWORTEN

1) Wer hatte die Idee, für die Reise nach Paris?
 a) Charles

2) Was sehen Charles und Dana als Erstes in Paris?
d) den Eiffelturm

3) Welche andere Stadt der Welt hat originalgroßen Eiffelturm?
 b) Tokio

4) Was überzeugt Dana Charles am Valentinstag zu tun?
c) ihr etwas bei Hermes zu kaufen

5) Wie gibt Charles Dana den Verlobungsring?
 a) ein Kellner bringt ihn mit dem Champagner

Translation of the Story
Valentine's Day in Paris

STORY

Charles and Dana are boyfriend and girlfriend. They are in love. Charles wants to do something special for Valentine's Day. He invites Dana to Paris. Paris is called the city of love. Many people travel to Paris to spend romantic time with their partner. Maybe it is the movies, the food, the beautiful buildings? Paris always feels romantic.

The couple arrives to Paris on February 13. The plane lands. They are thrilled. Charles and Dana collect their baggage.

"Let's go to the hotel," says Charles.
"How?" asks Dana.

"We can take the train to the city center," says Charles. **In front of** the couple is a sign for the airport train. They follow the arrows, walking **beneath** them. They walk **across** the sky bridge, until they come to the entrance to the train. They go up to the ticket machine.

"Which ticket do we buy?" asks Dana. They both stare at the machine.

"I don't know," says Charles. "The hotel is **in** the 7th arrondissement." Charles guesses which ticket to buy. He buys it and they go to the train platform. **Above** the tracks, there is a sign. It tells where each train is going. A train approaches. The sign says 'centre-ville'. They get **into** the train.

When the train reaches the destination, they get **off** the train. They go up the metro stairs. They step outside. The Eiffel Tower stands **above** them.

"It's beautiful," says Dana.

"Yes, it's amazing," says Charles.

"I want to go **to** the top," says Dana.

"Did you know they paint the tower every seven years?" asks Charles. "With 50 tons of paint!"

"I didn't know that," says Dana. Charles tells her more about the Eiffel Tower. It was built in 1889. It is named after Gustave Eiffel, the architect in charge of the project. For 41 years, it was the tallest structure in the world. There are many replicas of the tower **around** the world. There is even a full-size replica in Tokyo.

"I love Paris," says Dana.

"Let's go to the hotel," says Charles. They walk to the nearby hotel. It is just **behind** the Eiffel Tower.

The next day is Valentine's Day. The couple has a special lunch planned. They go to the restaurant Epicure. It is one of the city's most romantic restaurants.

"Are you ready?" asks Charles.

"Yes," says Dana. "How do we get there?" They walk **out of** the hotel.

"It is just **past** the Champs-Élysées," says Charles. They walk **down** the street. They walk **toward** the river. It is a beautiful day. The sun is shining. Dana notices how beautiful the buildings are. They are all very old.

"We should have buildings like this in America," says Dana.

"They are older than America," says Charles. Charles and Dana walk **along** the river. They hold hands. Paris is a city for lovers.

Epicure is **near** the central shopping district. They pass shops like Louis Vuitton and Pierre Hermé. Dana stops to look in the windows. The restaurant is **next to** one of her favorite shops.

"Please can we go in," she says. When they go **through** the door of Hermes, Charles knows he is in trouble. Purses and scarves are everywhere. Dana goes crazy. She takes two scarves **from** a display. She grabs a bag from **amongst** a pile of purses.

"Please, Charles?" she asks him. "A little Paris souvenir?" Charles thinks. The three items cost the same as the airplane ticket to Paris. It is Valentine's Day, though. He says yes. Dana takes the scarves and the purse to the cash register. Charles pays with his credit card. They leave the shop. Dana is very content.

Charles and Dana continue down the street. They don't see Epicure.

"It is right here," says Charles.

"Right where?" asks Dana.

"Here," says Charles. "That is what Google maps says."

"I don't see it," says Dana.

Charles calls the restaurant on his cell phone. "Hello, we cannot find the restaurant," he says. He listens. The person speaks French. "Do you speak English? No?" The person hangs up.

"They don't speak English," says Charles.

"It has to be here," says Dana. She spots a small alley. She enters the alleyway and walks a bit.

"Here it is," she says. The restaurant is **within** the alleyway, hidden **at** the very end.

"Thank goodness," says Charles. "We are already late!" They enter the restaurant.

"Do you have a reservation?" asks the waiter.

"Yes," says Charles. "We are a bit late. Charles."

"Follow me," says the waiter. They follow the waiter. They walk between tables with white tablecloths. They are the first diners. The restaurant is empty.

"It's beautiful," says Dana. They sit at their table. It has fresh flowers **on** it. Their table is **beside** the fire. A golden chandelier hangs from the ceiling.
"What would you like?" asks the waiter.

"The chicken with mushrooms, and the macaroni with foie gras and artichoke," says Charles.

"I recommend the macaroni **before** the chicken," says the waiter.

"Ok," says Charles.

"The chicken is served with a side salad," says the waiter.

"Perfect," says Charles. "And please bring us some champagne." Charles winks at the waiter.

"Why did you wink at him?" asks Dana.
"I didn't mean to!" says Charles.

Dana and Charles are very happy. The restaurant is one of the best in Paris. It has three Michelin stars. The waiter comes up **behind** Charles with the macaroni. It is very rich. It has black truffle on top. They agree, it is the best macaroni they have ever had.

The waiter rolls a cart to the table. It has two glasses, a bottle of champagne, and a black box. The waiter opens the wine and pours it for Charles and Dana. He leaves the black box on the table.

"What's that?" asks Dana.

"Dana, will you marry me?" asks Charles. He lifts the top of the black box. **Below** is a huge diamond ring. He puts it on Dana's finger.
"Yes!" shouts Dana.

Paris really is the city of love.

German Short Stories for Beginners Book 5

Over 100 Dialogues and Daily Used Phrases to Learn German in Your Car. Have Fun & Grow Your Vocabulary, with Crazy Effective Language Learning Lessons

www.LearnLikeNatives.com

CHAPTER 13
New Roommates /
Common everyday objects + possession

HANDLUNG

Heute ist Einzugstag an der Universität. Erstsemester bringen **ihre** Sachen in das Wohnheim.

Anna kommt mit ihren Eltern an der Universität an. **Ihr** Auto ist voller Kisten. Anna bringt alles mit, was sie für ein Schuljahr braucht. Sie parken außerhalb von Annas Wohnheim. Das Gebäude ist ein großes Backsteingebäude. Es sieht langweilig aus. Anna versucht positiv zu denken. Dieses Jahr wird toll, sagt sie sich.

Ihre Familie beginnt, das Auto zu entladen. Anna ist sehr gut vorbereitet. Sie nehmen Kartons mit ihren Sachen heraus. Ihr Bruder hilft ihr, die Kisten ins Zimmer zu bringen. Das Zimmer ist klein. Es gibt zwei Betten. Anna wird einen Mitbewohner haben.

Die erste Schachtel, die Anna öffnet, enthält Schulsachen. Sie legt ihre **Notizblöcke**, **Bleistifte** und **Kugelschreiber** auf ihren Schreibtisch. Der Raum hat keine Dekoration, außer einem **Fernseher** an der Wand. Anna organisiert ihre Sachen im Zimmer. Sie nimmt ihren **Kalender** heraus und hängt ihn an die Wand.

"Das ist nicht **mein** Kalender", sagt sie. Es ist ein Kalender voller schöner Frauen.

"Das ist **sein** Kalender", sagt Anna und zeigt auf ihren Bruder.

"Oh, tut mir leid", sagt ihr Bruder. Anna wirft ihn in den **Mülleimer**. Die Familie lacht.

Es klopft an der Tür. Sie öffnen die Tür. Ein blondes Mädchen steht draußen. Sie wird von einer älteren Frau begleitet, ihrer Mutter.

"Hallo, ich bin Beatriz", sagt das Mädchen.

"Ich bin Anna", sagt Anna. "Wir sind wohl Mitbewohner."

"Woher kommst du?" fragt Beatriz.

"Aus der Nähe, nur eine Stunde nördlich", sagt Anna.

"Ich auch!" sagt Beatriz.

Die Mädchen schütteln sich die Hand und lächeln. Beatriz bringt ihre eigenen Kisten. Die Familien helfen ihren Töchtern auszupacken.

Die ersten Tage der Schule sind schön. Anna findet neue Freunde. Sie und Beatriz verstehen sich gut. Anna geht in ihre neuen Kurse. Alles ist perfekt. Eine Sache ist jedoch komisch. Einige von Annas Sachen beginnen zu verschwinden. Erst kann sie ihre **Bürste** nicht finden. Dann, am nächsten Tag, schaut sie in den **Spiegel**. Sie sieht ihre **Lotion**, aber ihr **Parfüm** fehlt. Als sie am Abend aus dem Unterricht kommt, legt sie Musik auf. Es gibt keinen Ton. Ihr **Lautsprecher** ist weg!

Sie fragt Beatriz. "Beatriz", sagt sie, "vermisst du etwas?"

"Ja!" sagt Beatriz. "Mein Laptop **Computer**. Ich drehe durch."

"Oh nein!" sagt Anna. "Mir fehlen auch ein paar Dinge."

Anna fehlen jetzt drei Sachen. Sie ruft ihre Mutter von ihrem **Handy** an.

"Hallo, Mama", sagt Anna.

"Hallo, Schatz", sagt ihre Mutter. "Wie ist die Schule?"

"Gut", sagt Anna. "Aber meine Sachen verschwinden."

"Was meinst du damit?" fragt ihre Mutter. Anna erzählt ihrer Mutter von dem fehlenden Parfüm, dem fehlenden Lautsprecher und der fehlenden Bürste.

"Das ist seltsam", sagt ihre Mutter: "Hast du sie irgendwohin mitgenommen?"

"Nein, Mama", sagt Anna. "Ich habe den Raum nie verlassen. Der Rest der **Stereoanlage** ist hier. Mein **MP3-Player** ist auch hier."

"Schließt du deine Tür ab?" fragt ihre Mutter.
"Ja, Mama!" sagt Anna. "Und es ist nur das Parfüm, das weg ist. Ich habe immer noch das ganze andere **Make-up**, **Lippenstift**, alles!"

"Könnte es Beatriz sein?" fragt ihre Mutter.

"Auf keinen Fall, sie vermisst auch Sachen", sagt Anna.

"Okay, geh zu den Fundsachen", sagt Annas Mutter.

"OK! Ich muss los", sagt Anna.

Anna legt auf. Die Idee ihrer Mutter ist gut. Sie geht nach unten ins Wohnheimbüro. Sie bittet darum, die Fundbox zu sehen. Die Box ist voll. Sie durchsucht sie. Sie findet **Notizbücher**, eine **Videokamera** und sogar einen **Kamm**. Aber sie findet ihre Sachen nicht. Sie sucht weiter. Sie sieht einen Laptop **Computer**.

"Ist das **ihrer**?" fragt sie sich und denkt an Beatriz. Sie zieht ihn heraus. Ist es! Sie nimmt den Computer, um ihn Beatriz zu geben. Wenigstens hat sie etwas gefunden.

Sie geht nach oben. Sie gibt Beatriz den Computer.

"Toll, Anna, das ist **mein** Computer!" sagt Beatriz. "Vielen Dank."

"Gern geschehen", sagt Anna. "Ich bin so froh, dass ich **deinen** Computer gefunden habe."

"Ich auch," sagt Beatriz. "Hast du irgendwas von deinen Sachen gefunden?"

"Nein", sagt Anna.

"Mist", sagt Beatriz. Die Mädchen gehen schlafen.

Am nächsten Tag hat Beatriz Unterricht. Anna bleibt im Wohnheimzimmer. Sie arbeitet an einem Projekt und benutzt eine **Schere**, um Bilder auf einen **Ordner** aufzukleben. Sie denkt über ihre fehlenden Gegenstände nach. Vielleicht sollte sie im Wohnheimzimmer nachsehen. Sie schaut überall nach. Dann dreht sie sich zu Beatrizs Schrank. Sie öffnet ihn. Sie schaut hinein.

"Das gehört mir!" sagt Anna. Sie zieht ihre Bürste raus. Sie ist schockiert. Warum ist ihre Bürste in Beatrizs Schrank? Sie schaut genauer hin. Unter einem Stapel von **Kleidern** fühlt sie etwas Hartes. Sie zieht es heraus. Es ist ihre Flasche Parfüm! Als sie noch genauer hinschaut, findet sie auch ihren Lautsprecher.
"Es war die ganze Zeit Beatriz", sagt Anna. Das Zimmer**telefon** klingelt. Anna antwortet. Es ist Beatrizs Mutter.

"Hallo, Anna", sagt Beatrizs Mutter. "Wie geht's dir?"

"Gut", sagt Anna. "Beatriz ist nicht hier."

"Kannst du ihr sagen, dass ich angerufen habe?" fragt Beatrizs Mutter.

"Ja, aber kann ich mit Ihnen über etwas reden?" fragt Anna.

"Sicher", sagt Beatrizs Mutter.

"Einige meiner Sachen sind verschwunden", sagt Anna, "und ich habe gerade einige davon im Schrank **Ihrer** Tochter gefunden."

"Oh, nein", sagt Beatrizs Mutter. "Ich muss dir etwas sagen."

"Was?" sagt Anna.

"Beatriz ist eine Kleptomanin", sagt ihre Mutter. "Sie nimmt Dinge und bringt sie dann genau sieben Tage später zurück. Sie wird dir die Sachen bis morgen zurückgeben."

"Was soll ich tun?" fragt Anna.

"Warte, bis sie sie zurückbringt", sagt ihre Mutter.

"Okay", sagt Anna.

"Danke für dein Verständnis", sagt Beatrizs Mutter.

ZUSAMMENFASSUNG
Anna und Beatriz sind Mitbewohnerinnen. Es ist ihr erstes Jahr an der Universität. Sie begegnen sich am Einzugstag. Sie richten sich ihr Wohnheimzimmer ein. Ihre Eltern helfen. Sie verstehen sich gut. Während der ersten Woche verschwinden viele von Annas Sachen. Sie kann sie nirgends finden. Beatriz hat auch einige fehlenden Sachen. Anna sucht überall. Sie sucht in den Fundsachen, wo sie Beatrizs vermissten Computer findet. Als Beatriz nicht da ist, schaut Anna in ihren

Schrank. Sie findet alle ihre Sachen. Beatrizs Mutter ruft an. Sie erzählt Anna, dass Beatriz eine Kleptomanin ist.

VOKABELLISTE

ihre	their
ihr	her
Kisten	boxes
mein	mine
Notizblöcke	notepads
Bleistifte	pencils
Kugelschreiber	pens
Fernseher	television
Kalender	calendar
sein	his
Mülleimer	trash can
Bürste	brush
Spiegel	mirror
Lotion	lotion
Parfüm	perfume
Lautsprecher	speaker
Computer	computer
Handy	cell phone
Stereoanlage	stereo system
Make-up	makeup
Lippenstift	lipstick
Notizbuch	notebook
Videokamera	video camera
Kamm	comb
mein	my
ihrer	yours
deinen	your
Schere	scissors
Kleider	clothes

| Telefon | telephone |
| ihrer | your |

FRAGEN
1) Woher kennen sich Beatriz und Anna?
    a) sie sind schon immer befreundet
    b) sie treffen sich im Unterricht
    c) sie sind Mitbewohner
    d) sie gehen auf die selbe Schule

2) Welcher dieser Gegenstände ist nicht verschwunden?
    a) Bürste
    b) Parfüm
    c) Lautsprecher
    d) Spiegel

3) Was schlägt Annas Mutter vor?
    a) dass Anna nach Hause kommt
    b) dass Anna Beatriz konfrontiert
    c) dass Anna eine neue Bürste kauft
    d) dass Anna im Fundbüro nachschaut

4) Was findet Anna im Fundbüro?
    a) ihre Bürste
    b) Beatrizs Computer
    c) ein Sweatshirt
    d) ihr Parfüm

5) Was ist mit Annas Sachen passiert?
    a) Beatriz nahm sie und legte sie in ihren Schrank
    b) Anna verlor sie
    c) Anna hat sie weggeworfen
    d) nichts

ANSWERS
1) Woher kennen sich Beatriz und Anna?
   c) sie sind Mitbewohner
2) Welcher dieser Gegenstände ist nicht verschwunden?
   d) Spiegel
3) Was schlägt Annas Mutter vor?
   d) dass Anna im Fundbüro nachschaut
4) Was findet Anna im Fundbüro?
   b) Beatrizs Computer
5) Was ist mit Annas Sachen passiert?
   a) Beatriz nahm sie und legte sie in ihren Schrank

Translation of the Story
New Roommates

STORY

Today is move-in day at the university. First year students move **their** things into the dormitory.

Anna arrives to the university with her parents. **Her** car is loaded with **boxes**. Anna brings everything she needs for a year of school with her. They park outside of Anna's dormitory. The building is a big, brick building. It looks boring. Anna tries to think positive. This year will be great, she tells herself.

Her family begins to unload the car. Anna is very prepared. They take out boxes full of her things. Her brother helps her take the boxes up to the room. The room is small. There are two beds. Anna will have a roommate.

The first box Anna opens has school supplies. She puts her **notepads**, **pencils** and **pens** on her desk. The room has no decoration, except for a **television** on the wall. Anna organizes her things in the room. She takes her **calendar** out to put on the wall.

"This isn't **mine**!" she says. It is a calendar of pretty women.

"This is **his**," Anna says, pointing at her brother.

"Oh, sorry," says her brother. Anna throws it in the **trash can**. The family laughs.

There is a knock on the door. They open the door. A blonde girl stands outside. She is with an older woman, her mother.

"Hello, I'm Beatriz," says the girl.

"I'm Anna," says Anna. "I guess we are roommates!"

"Where are you from?" asks Beatriz.

"Nearby, just an hour north," says Anna.

"Me too!" says Beatriz.

The girls shake hands and smile. Beatriz brings her own boxes. The families help their daughters unpack.
The first days of school are nice. Anna makes new friends. She and Beatriz get along great. Anna goes to her new classes. Everything is perfect. However, one thing is wrong. Some of Anna's belongings begin to disappear. First, she can't find her **brush**. Then, the next day, she looks in the **mirror**. She sees her **lotion** but her **perfume** is missing. When she arrives from class that evening, she puts on some music. There is no sound. Her **speaker** is gone!

She asks Beatriz. "Beatriz," she says. "Are you missing anything?"

"Yes!" says Beatriz. "My laptop **computer**. I am freaking out."

"Oh no!" says Anna. "I am missing a few things, too."

Anna is missing three things now. She calls her mother on her **cell phone**.

"Hi, mom," says Anna.

"Hi, honey," says her mom. "How is school?"

"Fine," says Anna. "But my belongings keep disappearing."

"What do you mean?" asks her mom. Anna tells her mom about the missing perfume, the missing speaker, and the missing brush.

"That is so strange," says her mom. "Did you take them somewhere?"

"No, mom," says Anna. "I never left the room. The rest of the **stereo system** is here. My **mp3 player,** too."

"Do you lock your door?" asks her mom.

"Yes, mom!" says Anna. "And it's just the perfume that is gone. I still have all the other **makeup**, **lipstick**, everything!"

"Do you think it could be Beatriz?" asks her mom.

"No way, she is missing stuff too," says Anna.

"Ok, go check the lost-and-found," says Anna's mom.

"Ok! Gotta go," says Anna.

Anna hangs up the phone. Her mom's idea is good. She goes downstairs to the dormitory office. She asks to see the lost-and-found box. The box is full. She looks through it. She finds **notebooks**, a **video camera**, and even a **comb**. But does not see her things. She looks more. She sees a laptop **computer**.

"Is that **yours**?" she asks, thinking of Beatriz. She pulls it out. It is. She takes the computer to give to Beatriz. At least she finds something.

She goes upstairs. She gives Beatriz the computer.

"Wow, Anna, it's **my** computer!" says Beatriz. "Thank you so much."

"You're welcome," says Anna. "So glad I found **your** computer."

"Me too," says Beatriz. "Did you find any of your things?"

"No," says Anna.

"Bummer," says Beatriz. The girls go to sleep.

The next day, Beatriz has class. Anna stays in the dorm room. She works on a project, using **scissors** to cut pictures to glue on a **folder**. She thinks about her missing items. Maybe she should look in the dorm room. She looks everywhere. Then she turns to Beatriz's closet. She opens it. She looks inside it.

"This is mine!" says Anna. She pulls out her brush. She is shocked. Why is her brush in Beatriz's closet? She looks closer. Under a stack of **clothes**, she feels something hard. She pulls it out. It is her bottle of perfume! When she looks closer, she finds her speaker, too.

"It was Beatriz the whole time," says Anna. The room **telephone** rings. Anna answers. It is Beatriz's mom.

"Hi, Anna," says Beatriz's mom. "How are you?"

"Fine," says Anna. "Beatriz isn't here."

"Can you tell her I called?" asks Beatriz's mom.

"Yes, but, can I talk to you about something?" asks Anna.

"Sure," says Beatriz's mom.
"Some of my things have gone missing," says Anna. "And I just found many of them in **your** daughter's closet."

"Oh, no," says Beatriz's mom. "I need to tell you something."

"What?" says Anna.

"Beatriz is a kleptomaniac," says her mom. "She takes things and then returns them exactly seven days later. She will return those items to you by tomorrow."

"What do I do?" asks Anna.

"Just wait for her to return them," says her mom.

"Okay," says Anna.

"Thank you for understanding," says Beatriz's mom.

CHAPTER 14
A Day in the Life / transition words

HANDLUNG

Bey wacht in einem Hotelzimmer auf. Sie ist müde. Ihr Körper ist müde, **aber** ihr Geist ist noch müder. Sie fühlt sich allein. Ihre Freunde und Familie verstehen nicht, wie es ist, berühmt zu sein. Sie lacht. Sie wollen berühmt sein. Sie wollen einen Tag in ihrem Leben verbringen. Die Leute denken, dass Prominente den ganzen Tag Spaß haben. Sie denken, dass Prominente alles bekommen, was sie wollen. Bey weiß **jedoch**, dass das nicht stimmt.

Warum wollen Menschen berühmt sein? Denkt Bey. Sie macht einen Kaffee. Die Medien zeigen ihren Erfolg. Menschen wollen Erfolgreich sein. Sie wollen ein perfektes Leben. **Infolgedessen** versuchen sie berühmt zu werden. Sie weiß, dass das Leben nicht perfekt ist.

Die Uhr zeigt sieben Uhr. Ihr Tag ist hektisch. **Deshalb** muss sie früh aufstehen. Manche Leute denken, dass Prominente lange schlafen. Sie hat viel zu tun. Es ist keine Zeit, auszuschlafen. Sie hört die Türklingel.

"Hallo", sagt Bey.

"Hallo, Bey," sagen die drei Frauen. Sie gehen rein. Eine Frau ist ihre Stylistin. Eine andere Frau ist ihre

Visagistin. **Zuletzt** tritt die Friseurin ein. Sie beginnen zu arbeiten.

"Welches Hemd?", sagt die Stylistin.
"Welche Lippenstiftfarbe?" fragt die Visagistin.

"Warum hast du so mit deinen Haaren geschlafen?", fragt die Friseurin.

Beys Kaffee ist kalt. Sie macht noch einen Kaffee. **Dann** beantwortet sie alle Fragen. Sie helfen ihr. **Endlich** ist sie fertig.

Sie verlässt das Hotel um 10 Uhr. Draußen sind viele Leute. Sie warten auf sie. Als sie rausgeht, schreien sie. Sie machen Fotos. Bey steigt in ein Auto. Das Auto hat dunkle Fenster. Niemand kann hineinsehen. **Darum** kann sie drinne tun, was sie will. Sie entspannt sich. Ihr Telefon klingelt.

"Hallo?" sagt sie.
"Bey, wo bist du?" fragt ihr Manager.

"Im Auto", sagt sie.

"Du bist zu spät!" sagt der Manager.

"Tut mir leid", sagt Bey. Sie hat Tanzunterricht, Gesangsunterricht und ein Fotoshooting. Ein anstrengender Tag. Ihr Manager kümmert sich um ihren Tagesablauf. Er sagt ihr, was sie zu tun hat. Er sagt ihr, wohin sie gehen soll. Sie fühlt sich gefangen. Sie muss arbeiten, um berühmt zu bleiben. Sie kann keinen Urlaub nehmen.

Das Auto hält an. **Als erstes** hat Bey ein Fotoshooting. Es ist für eine Zeitschrift. Ein Mädchen schminkt Bey. Sie ist ein Fan. Sie lächelt.

"Wie geht es Ihnen?" fragt sie.

"Gut", sagt Bey.

"Ich bin Ihr Fan", sagt sie.

"Danke", sagt Bey.

"Ich singe auch", sagt das Mädchen. Sie pudert Bey das Gesicht.

"Wirklich?" sagt Bey. Sie langweilt sich.

"Ja, ich will berühmt werden!" sagt das Mädchen.

"Berühmt zu sein ist viel Arbeit!" sagt Bey.

"Ist mir egal!" sagt das Mädchen.

"Was machst du heute Abend?" fragt Bey.

"Abendessen mit meinem Freund, einen Spaziergang im Park, vielleicht ein Museum besuchen", sagt das Mädchen.

"Ich habe Arbeit, ein Konzert", sagt Bey. "**Eigentlich** habe ich jeden Abend eins. Ich kann nicht in den Park gehen, **weil** die Leute mich erkennen. Sie lassen mich nicht in Ruhe."

"Oh", sagt das Mädchen. Sie macht das Make-up fertig.

"**Zum Beispiel** kann ich mich nicht erinnern wann ich das letzt Mal ein Museum besucht habe", sagt Bey. Sie ist fertig. Sie fotografiert sie. Ihr Kleid ist bezaubernd. Sie sieht wunderschön und glücklich aus. Sie verabschiedet sich und steigt ins Auto.

Als **zweites** hat Bey Tanztunterricht. Sie übt in einem Tanzstudio. Ihre Lehrerin ist ein Profi. Sie üben für das Konzert. Das heutige Konzert ist in einem Stadion in New York City. Sie vergisst die Tanzschritte für ihren berühmtesten Song. Sie übt zwei Stunden lang. **Zweifellos** beherrscht sie den Tanz jetzt.

Als **drittes** hat Bey Stimmunterricht. Berühmte Sänger brauchen Unterricht. Stimmunterricht hilft ihnen, leichter zu singen. Das ist wichtig. **Immerhin** ist es schwierig, jeden Abend ein Konzert zu geben.

Nach dem Stimmunterricht isst sie zu Mittag. Ihre Assistentin bringt es ihr. Auch wenn es schnell geht, ist es gesund. Sie hat einen Smoothie und einen Salat. Bald muss sie sich auf das Konzert vorbereiten.

Sie überprüft ihr Mobiltelefon. Bey hat einen weiteren Assistenten. Dieser Assistent kümmert sich um soziale Medien. Sie stellt Bilder auf Instagram und Facebook. **Letztendlich** möchte sich Bey gerne selbst überzeugen. Ihr neues Bild hat 1.000.000 likes. Nicht schlecht, denkt sie. Es hat auch viele Kommentare. Manche sind gemein, **deshalb** schaltet Bey ihr Handy aus. sie versucht, positiv zu bleiben.

Im Auto ruft Bey ihre Freunde an. Sie spricht mit ihrer Mutter. Sie telefoniert im Auto, **da** sie nicht viel Zeit hat. Sie ist müde. Sie hat Kopfschmerzen. Vielleicht kann sie ein Nickerchen machen. Sie schaut auf ihr Handy. Es ist zu spät, um ein Nickerchen zu machen.

Während Bey sich bereit macht, warten die Fans. Draußen bildet sich eine Schlange. Sie sind aufgeregt. Sie haben eine Menge Geld für die Tickets bezahlt.

Jetzt schmerzt ihr Hals. Sie trinkt warmen Tee. **Wenn** sie nicht singen kann, werden die Fans traurig sein. Sie schaut auf ihr Telefon. Sie hat ein Bild für diese Momente gespeichert. Es ist ein Brief.

"Liebe Bey", steht da.

"Du bist meine Lieblingssängerin. Ich denke, du bist erstaunlich. Ich möchte wie du sein, wenn ich groß bin. In Liebe, Susy." Es ist von einem 7- jährigen Fan. Bey erinnert sich an sie. Sie lächelt. Es gibt Hunderte von Mädchen wie Susy beim Konzert. **Aus diesem Grund** tritt sie auf.

Schlussendlich endet das Konzert.

Immer mehr Fans bitten um ein Autogramm von Bey. Sie lächeln. Sie machen Fotos mit ihren Handys. Sie stellt sich ihre Leben vor. Sie gehen auf Partys. Sie treffen Freunde. Sie gehen in Restaurants. **Jedenfalls** haben sie die Wahl. Sie ist eifersüchtig. **Obwohl** sie nicht berühmt sind, haben sie ein besseres Leben.

Sie denkt an das Make-up-Mädchen von heute. Sie fragt sich, was sie jetzt macht? Bey denkt darüber nach auszusteigen.

Ganz plötzlich macht ihr Telefon ein Geräusch.

Es ist eine Erinnerung daran, ins Bett zu gehen. Morgen ist wieder ein stressiger Tag.

ZUSAMMENFASSUNG
Bey ist Prominent. Sie ist eine berühmte Popsängerin. Die Leute sind eifersüchtig auf ihr Leben. Es ist jedoch nicht einfach. Ihr Tag beginnt früh. Ihre drei Assistenten kommen ins Hotel. Sie machen sie fertig. Dann hat sie einen anstrengenden Tag. Sie hat ein Fotoshooting. Das Make-up-Mädchen will berühmt sein. Bey erklärt, dass es ist nicht so großartig ist. Bey nimmt Tanz- und Gesangsunterricht. Dann macht sie sich bereit für ihr Konzert. Sie fühlt sich krank. Sie tritt jedoch für ihre vielen Fans auf. Sie posiert für Fotos und gibt Autogramme. Sie ist eifersüchtig auf das normale Leben ihrer Fans.

VOKABELLISTE

aber	but
jedoch	however
infolgedessen	as a result
deshalb	therefore
zuletzt	lastly
dann	then
endlich	finally
darum	therefore
erstes	first
eigentlich	in fact
weil	because
zum Beispiel	for example
zweites	second
zweifellos	without a doubt
immerhin	after all
obwohl	even though
letztendlich	ultimately
deshalb	so
da	since
whärend	while
wenn	if
aus diesem Grund	for this reason
schlussendlich	eventually
jedenfalls	either way
obwohl	despite
ganz plötzlich	all of a sudden
drittes	third

FRAGEN
1) Welche Person kommt nicht zu Beys Hotel?
    a) eine Visagistin
    b) ein Stylist
    c) ein Fan
    d) ein Friseur

2) Warum ruft Beys Manager sie an?
    a) zu fragen, wo sie ist
    b) sie zu entlassen
    c) ihr zu gratulieren
    d) zu fragen, wie es ihr geht

3) Was ist Beys Job?
    a) Tänzerin
    b) Popstar
    c) Talk-Show-Host
    d) Fotografin

4) Was hilft Bey beim Singen?
    a) Tee trinken
    b) zum Sprachunterricht gehen
    c) beten
    d) Finger kreuzen

5) Was bedeutet das Geräusch vom Telefon am Ende der Geschichte?
    a) jemand ruft an
    b) es ist an der Zeit für ihre Medikamente
    c) eine Benachrichtigung von Instagram
    d) es ist Zeit, ins Bett zu gehen

ANTWORTEN

1) Welche Person kommt nicht zu Beys Hotel?
      c) ein Fan

2) Warum ruft Beys Manager sie an?
       a) zu fragen, wo sie ist

3) Was ist Beys Job?
      b) Popstar

4) Was hilft Bey beim Singen?
       b) sie geht zum Sprachunterricht

5) Was bedeutet das Geräusch vom Telefon am Ende der Geschichte?
         d) es ist Zeit, ins Bett zu gehen

Translation of the Story
A Day in the Life

STORY

Bey wakes up in a hotel room. She is tired. Her body is tired, **but** her mind is more tired. She feels alone. Her friends and family don't understand what it is like to be famous. She laughs. They want to be famous. They want to spend a day in her life. People think celebrities have fun all day. They think celebrities get anything they want. **However,** Bey knows this is not true.

Why do people want to be famous? Bey thinks. She makes a coffee. The media shows her as success. People want success. They want a perfect life. **As a result,** they try to become famous. She knows life is not perfect.
The clock says seven o'clock. Her day is busy. **Therefore**, she has to wake up early. Some people think celebrities sleep late. She has a lot to do. There is no time to sleep late. She hears the doorbell.

"Hello," says Bey.

"Hi, Bey," say the three women. One woman is her stylist. Another woman is her makeup artist. **Lastly**, the hairdresser enters. She opens the door. They go inside. They begin to work.

"Which shirt?" says the stylist.

"Which color of lipstick?" asks the makeup artist.

"Why did you sleep with your hair like that?" asks the hairdresser.

Bey's coffee is cold. She makes another coffee. **Then,** she answers all the questions. They help her. **Finally,** she is ready.

She leaves the hotel at 10 a.m. There are many people outside. They wait for her. When she goes out, they scream. They take pictures. Bey gets in a car. The car has dark windows. No one can see in. **Therefore,** she can do what she wants. She relaxes. Her phone rings.

"Hello?" she says.

"Bey, where are you?" asks her manager.

"In the car," she says.

"You're late!" says the manager.

"Sorry," said Bey. She has dance practice, voice lessons, and a photo shoot. A busy day. Her manager keeps her schedule. He tells her what to do. He tells her when to go. She feels stuck. She must work to stay famous. She can't take a vacation.

The car stops. **First**, Bey has a photo shoot. It is for a magazine. A girl puts makeup on Bey. She is a fan. She smiles.

"How are you?" she asks.

"Fine," says Bey.

"I am your fan," she says.

"Thank you," says Bey.
"I sing, too," the girl says. She powders Bey's face.

"Really?" asks Bey. She is bored.

"Yes. I want to be famous!" says the girl.

"Being famous is a lot of work!" says Bey.

"I don't care!" says the girl.

"What are you doing tonight?" asks Bey.

"Dinner with my boyfriend, a walk in the park, maybe visit a museum," says the girl.

"I have work, a concert," says Bey. "**In fact,** I have one every night. I can't go out to the park **because** people recognize me. They don't leave me alone."

"Oh," says the girl. She finishes the makeup.

"**For example**, I can't remember a visit to a museum," says Bey. She is finished. She takes her pictures. Her dress is glamorous. She looks beautiful and happy. She says goodbye and gets in the car.

Second, Bey has dance practice. She practices in a dance studio. Her teacher is professional. They practice for the concert. Tonight's concert is in a stadium in New York City. She forgets the dance for her most famous song. She practices for two hours. **Without a doubt**, she knows the dance.

Third, Bey has voice lessons. Famous singers need lessons. Voice lessons help them sing easily. This is important. **After all,** singing a concert every night is difficult.

After voice, she eats lunch. Her assistant brings it to her. Even though it is quick, it is healthy. She has a smoothie and a salad. Soon she must prepare for the concert.

She checks her phone. Bey has another assistant. This assistant does social media. She puts pictures on Instagram and Facebook. **Ultimately**, Bey likes to see for herself. Her new picture has 1,000,000 likes. Not bad, she thinks. It also has many comments. Some are mean, **so** Bey turns off her phone. She tries to be positive.

In the car, Bey calls her friends. She talks to her mother. She talks in the car **since** she doesn't have much time. She is tired. She has a headache. Maybe she can nap. She looks at her phone. It is too late to nap.

While Bey gets ready, fans wait. They make a line outside. They are excited. They paid a lot of money for the tickets.

Now her throat hurts. She drinks warm tea. **If** she can't sing, the fans will be sad. She looks at her phone. She has a picture saved for these moments. It is a letter.

"Dear Bey," it says.

"You are my favorite singer. I think you are amazing. I want to be just like you when I grow up. Love, Susy." It is from a 7-year-old fan. Bey remembers her. She smiles. There are hundreds of girls like Susy at the concert. **For this reason,** she performs.

Eventually, the concert ends.

More and more fans ask for Bey's autograph. They smile. They take pictures on their phone. She imagines their lives. They go to parties. They see friends. They go to restaurants. **Either way**, they have freedom. She is jealous. **Despite** not being famous, they have better lives.

She thinks of the makeup girl from today. She wonders, what is she doing now? Bey thinks maybe she will quit.

All of a sudden, her phone makes a sound.

It is a reminder to go to bed. Tomorrow is another busy day.

CHAPTER 15
The Camino Inspiration / Numbers + Family

HANDLUNG

Molly liebt Abenteuer.

Sie ist das tapferste Mitglied ihrer **Familie**, sogar mutiger als ihre **beiden Brüder**. Sie geht oft mit ihrer Familie im Wald zelten. Dieses Wochenende gehen sie zusammen in die Berge. Der Mond scheint und die Vögel und Tiere sind ruhig. Molly sitzt mit ihren Brüdern und ihrer **Schwester** am Lagerfeuer. Sie reden und musizieren. Sie sehen eine Fledermaus über ihre Köpfe fliegen.

"Ihhh!" ruft Mollys Schwester.
"Eine Fledermaus!" ruft **einer** von Mollys Brüdern.

Plötzlich fliegen **drei** weitere Fledermäuse über ihre Köpfe.

"Ahhh! Lasst uns **Mama** und **Papa** holen!" ruft der andere Bruder, John.

"Es ist nur eine Fledermaus", sagt Molly.

Es kommen noch mehr Fledermäuse an, bis **acht** über ihnen fliegen. Mollys Schwester und Brüder verschwinden in ihren Zelten, zu Tode erschreckt. Molly bewegt sich nicht. Sie sieht zu, wie die Fledermäuse kreisen, jetzt **neunzehn**, nein, **zwanzig**!

"Hallo, Molly", sagt ihre **Mutter**, als sie hinter ihrem **Vater** zum Lagerfeuer geht.

"Beeindruckend, es gibt wirklich viele Fledermäuse in diesen Wäldern", sagt ihr Vater. "Hast du keine Angst?"

Molly schüttelte den Kopf und sieht zu, wie die Fledermäuse in den sternenklaren Nachthimmel fliegen.

"Lasst uns essen!" sagte sie. Ihre Brüder und Schwester kommen aus ihren Zelten. Die Familie isst am Feuer. Sie lieben es, zusammen zu zelten.

Molly ist **zweiundzwanzig**. Sie hat gerade ihr Studium abgeschlossen, wo sie Ingenieurwesen studierte. Sie hat keinen Job in einem Büro gefunden, also arbeitet sie in ihrem örtlichen Outdoor-Laden. Sie spart sich ihr Gehalt und redet den ganzen Tag über ihr Lieblingshobby: Camping.

Jeden Samstag arbeitet Molly im **zweiten** Stock, mit allen Zelten, Rucksäcken und Campingutensilien. Diesen Samstag betritt ihr **Cousin** den Laden.

"Hallo, Jim!" sagt Molly, ein glückliches Lächeln auf ihrem Gesicht.

"Molly! Ich vergaß, dass du hier arbeitest", sagt Jim, der **dreißig** Jahre alte **Sohn** von Mollys **Tante** Jane.

"Wie geht es Tante Jane und **Onkel** Joe?" fragt Molly.

"Es geht ihnen gut. Dieses Wochenende besuchen sie **Großmutter** Gloria", sagt Jim. "Ich bin hier, um ein paar Sachen für eine Reise zu kaufen."

"Oh, sicher! Ich kann dir helfen. Was ist auf deiner Liste?" fragt Molly.

Jim zeigt Molly ein Stück Papier mit einer Liste von **fünfzehn** Gegenständen. Ein leichter Rucksack, ein Campingkocher, **vier** Paar warme Socken, Wanderstöcke, Allzweckseife, ein Taschenmesser und **achtzehn** Trockenmahlzeiten für unterwegs.

Beeindruckend, das klingt nach einer ziemlichen Reise, denkt Molly.

"Gib mir den leichtesten Rucksack, den du hast", sagt Jim. "Das Leichteste von allem, eigentlich. Ich muss das Gewicht meines Rucksacks unter **achtundzwanzig** Pfund halten."

"Wofür kaufst du das alles?" fragt Molly, als sie mit Jim zu einer Wand geht, die mit Rucksäcken aller Farben bestückt ist, groß und klein.

"Ich gehe wandern", sagt Jim. "Quer durch Spanien."

Jim probiert die verschiedenen Rucksäcke aus. Er wählt Mollys Favoriten, einen roten Rucksack mit **sieben** Taschen, vier auf der Rückseite und drei innen. Der Rucksack ist so leicht, dass er kaum **zweieinhalb** Pfund wiegt. Er trägt ihn auf seinen Schultern, während er Molly in die Kleiderabteilung folgt.

"Es heißt Jakobsweg", erzählt Jim Molly. Ihr Cousin erzählt ihr von der Wanderung. Es ist eine Pilgerreise zur Kathedrale von Santiago de Compostela in Galicien. Man sagt, dass der Heilige Jakobus in der Kirche begraben ist.

Ihr Cousin Jim wird die Wanderung vom üblichen Ausgangspunkt des Französischen Wegs, Saint-Jean-Pied-de-Port, aus gehen. Von dort sind es etwa **fünfhundert** Kilometer nach Santiago. Die Wallfahrt ist seit dem Mittelalter beliebt. Kriminelle und andere Menschen gingen den Weg im Austausch für den Segen Gottes. Heutzutage reisen die meisten zu Fuß. Manche Menschen reisen mit dem Fahrrad. Ein paar Pilger reisen sogar auf einem Pferd oder Esel. Die Pilgerreise war religiös, aber heute machen es viele zur sportlichen Aktivität oder aus Reiselust.

"Ich muss reisen", sagt Jim. "Ich brauche Zeit zum Nachdenken. 500 Meilen zu gehen kann sehr spirituell sein."

Molly hilft Jim bei der Suche nach einer wasserdichten Jacke und einer Hose, die sich zu einer kurzen Hose öffnen lässt. Er scheint sehr glücklich mit seiner großen Tasche von Dingen. Er hat viel mehr in der Hand als die anderen Käufer. Er geht auf eine richtige Reise.

"Das macht **dreihundertsiebenundvierzig** Dollar und **sechsundsechzig** Cent", sagt Molly.

"Danke, Molly", sagt Jim.

Molly beginnt nachzudenken. Sie lebt zu Hause bei ihren **Eltern**. Ihre Mutter arbeitet als Richterin im örtlichen

Gerichtsgebäude und ihr Vater ist Anwalt. Sie sind beide selten zum Abendessen zu Hause. Sie bleiben bis spät abends im Büro. Ihre **Geschwister** leben mit ihren Familien in Seattle, drei Stunden entfernt. Sie ist allein, ohne richtigen Job. Sie hat niemanden, der sie aufhält.

Es wird der perfekte Urlaub. Und vielleicht entscheidet sie, was sie mit dem Rest ihres Lebens macht.

Warum nicht?

An diesem Tag beschließt Mollly, dass sie auf dem Jakobsweg wandern wird. Ab September, in drei Monaten. Allein.

ZUSAMMENFASSUNG
Eine junge Frau namens Molly liebt die Natur. Sie und ihre Familie campen oft zusammen. Sie arbeitet in einem Outdoor-Laden, während sie einen Job sucht der ihren Studium entspricht. Ihr Cousin Jim versucht eine Reise vorzubereiten. Er wird den Jakobsweg bestreiten und braucht Ausrüstung. Molly hilft ihm, einen Rucksack, Schuhe und alles andere zu kaufen, was er braucht. Sie beschließt, selbst den Jakobsweg zu gehen.

VOKABELLISTE

Familie	family
zwei	two
Bruder	brother
Schwester	sister
eins	one
drei	three
Mama	mom
Papa	dad
acht	eight
neunzehn	nineteen
zwanzig	twenty
Mutter	mother
Vater	father
zweiundzwanzig	twenty-two
zweiter	second
Cousin	cousin
dreißig	thirty
Sohn	son
Tante	aunt
Onkel	uncle
Großmutter	grandma
fünfzehn	fifteen
vier	four
achtzehn	eighteen
achtundzwanzig	twenty-eight
sieben	seven
zweieinhalb	two-and-a-half
fünfhundert	five hundred
dreihundert	three hundred
siebenundvierzig	forty-seven
sechsundsechzig	sixty-six

Eltern	parents
Geschwister	siblings

FRAGEN

1) Was hat Molly an der Universität studiert?
    a) Kosmetik
    b) Literatur
    c) Ingenieurwesen
    d) Marketing

2) Wie viele Geschwister hat Molly?
    a) ein
    b) zwei
    c) drei
    d) vier

3) Wie ist Jim mit Molly verwandt?
    a) Bruder
    b) Cousin
    c) Großvater
    d) Papa

4) Was ist der Jakobsweg?
    a) ein Pilgerweg
    b) eine Stadt
    c) einer Kirche
    d) ein Urlaub

5) Woher kommt Molly?
    a) die Vereinigten Staaten
    b) England
    c) Australia
    d) Frankreich

ANTWORTEN

1) Was hat Molly an der Universität studiert?
       c) Ingenieurwesen
2) Wie viele Geschwister hat Molly?
       c) drei

3) Wie ist Jim mit Molly verwandt?
       b) Cousin

4) Was ist der Jakobsweg?
       a) ein Pilgerweg

5) Woher kommt Molly?
       a) die Vereinigten Staaten

Translation of the Story
The Camino Inspiration

Molly loves adventures.

She is the bravest member of her **family**, even braver than her **two brothers**. She often goes camping with her family in the woods. This weekend, they go to the mountain together. The moon shines and the birds and animals are quiet. Molly sits with her brothers and her **sister** by the fire, talking and playing. They see a bat fly over their heads.

"Ewww!" shouts Molly's sister.

"A bat!" yells **one** of Molly's brothers.

Then, **three** more bats fly over their heads.

"Ahhh! Let's get **mom** and **dad**!" shouts the other brother, John.

"It's only a bat," says Molly.

More bats arrive, until there are **eight** flying overhead. Molly's sister and brothers disappear into their tents, scared out of their wits. Molly does not move. She watches as the bats circled, now **nineteen**, no, **twenty**!

"Hi, Molly," says her **mother**, walking up behind her **father** to the campfire.

"Wow, there sure are a lot of bats around these woods," says her dad. "Aren't you scared?"
Molly shook her head no, and watched the bats fly off into the starry night sky.

"Let's eat dinner!" she said. Her brothers and sister come out of their tents. The family eats by the fire. They love to camp together.

Molly is **twenty-two**. She just graduated from college, where she studied engineering. She has not found a job in an office, so she works at her local outdoor store. She saves her paycheck and gets to talk about her favorite hobby all day: camping.

Every Saturday, Molly works on the **second** floor, with all of the tents, backpacks, and camping supplies. This Saturday, in walks her **cousin**.

"Hi, Jim!" says Molly, a happy smile on her face.
"Molly! I forgot you work here," says Jim, the **thirty**-year-old **son** of Molly's **aunt** Jane.

"How are Aunt Jane and **Uncle** Joe?" asks Molly.

"They're good. This weekend they are visiting **Grandma** Gloria at her house," says Jim. "I'm here to buy some outdoor goods for a trip."

"Oh, sure! I can help you. What is on your list?" Molly asks.

Jim shows Molly a piece of paper with a list of **fifteen** items. A light backpack, a portable stove, **four** pairs of warm socks, hiking poles, Dr. Bronner's magic soap, a pocket knife, and **eighteen** dehydrated trail meals.

Wow, this sounds like quite a trip, thinks Molly.
"Gimme the lightest backpack you have," says Jim. "The lightest everything, actually. I have to keep my pack under **twenty-eight** pounds."

"What are you buying all of this for?" asks Molly, walking with Jim over to a wall filled with backpacks of all colors, large and small.

"I'm going to hike," says Jim. "Across Spain."

Jim tries on the different backpacks. He chooses Molly's favorite, a red backpack with **seven** pockets, four on the back and three inside. The pack is so light, it hardly weighs **two-and-a-half** pounds. He wears it on his shoulders as he follows Molly to the clothing section.

"It's called the Camino de Santiago," Jim tells Molly. Her cousin tells her about the hike. It is a pilgrimage to the Cathedral of Santiago de Compostela in Galicia. People say that Saint James is buried in the church.

Uncle Jim will be walking the hike from the common starting point of the French Way, Saint-Jean-Pied-de-Port. From there, it is about **five hundred** miles to Santiago. The pilgrimage has been popular since the Middle Ages. Criminals and other people walked the way in exchange for blessings. Nowadays, most travel by foot. Some people travel by bicycle. A few pilgrims even travel on a horse or donkey. The pilgrimage was religious, but now many do it for travel or sport.

"I need to travel," says Jim. "I need time to think and reflect. Walking 500 miles can be very spiritual."

Molly helps Jim find a waterproof jacket and a pair of pants that can unzip to be shorts. He seems very happy with his large bag of things. He has much more in his hands than the other shoppers. He is going on a real trip.

"That will be **three hundred forty-seven** dollars and **sixty-six** cents," says Molly.

"Thanks, Molly," says Jim.

Molly begins to think. She lives at home with her **parents**. Her mother works as a judge in the local courthouse and her father is a lawyer. They are both rarely home for dinner. They stay busy at the office until late. Her **siblings** live with their families in Seattle, three hours away. She is alone, with no real job. She has no one to stop her.

It will be the perfect vacation. And maybe she will decide what to do with the rest of her life.

Why not?

That day, Mollly decides that she will do the Camino de Santiago. Starting in September, three months from now. Alone.

CONCLUSION

You did it!

You finished a whole book in a brand new language. That in and of itself is quite the accomplishment, isn't it?

Congratulate yourself on time well spent and a job well done. Now that you've finished the book, you have familiarized yourself with over 500 new vocabulary words, comprehended the heart of 3 short stories, and listened to loads of dialogue unfold, all without going anywhere!

Charlemagne said "To have another language is to possess a second soul." After immersing yourself in this book, you are broadening your horizons and opening a whole new path for yourself.

Have you thought about how much you know now that you did not know before? You've learned everything from how to greet and how to express your emotions to basics like colors and place words. You can tell time and ask question. All without opening a schoolbook. Instead, you've cruised through fun, interesting stories and possibly listened to them as well.

Perhaps before you weren't able to distinguish meaning when you listened to German. If you used the audiobook, we bet you can now pick out meanings and words when you hear someone speaking. Regardless, we are sure you have taken an important step to being more fluent. You are well on your way!

Best of all, you have made the essential step of distinguishing in your mind the idea that most often hinders people studying a new language. By approaching German through our short stories and dialogs, instead of formal lessons with just grammar and vocabulary, you are no longer in the 'learning' mindset. Your approach is much more similar to an osmosis, focused on speaking and using the language, which is the end goal, after all!

So, what's next?

This is just the first of five books, all packed full of short stories and dialogs, covering essential, everyday German that will ensure you master the basics. You can find the rest of the books in the series, as well as a whole host of other resources, at LearnLikeNatives.com. Simply add the book to your library to take the next step in your language learning journey. If you are ever in need of new ideas or direction, refer to our 'Speak Like a Native' eBook, available to you for free at LearnLikeNatives.com, which clearly outlines practical steps you can take to continue learning any language you choose.

We also encourage you to get out into the real world and practice your German. You have a leg up on most beginners, after all—instead of pure textbook learning, you have been absorbing the sound and soul of the language. Do not underestimate the foundation you have built reviewing the chapters of this book. Remember, no one feels 100% confident when they speak with a native speaker in another language.

One of the coolest things about being human is connecting with others. Communicating with someone in their own language is a wonderful gift. Knowing the language turns you into a local and opens up your world. You will see the reward of learning languages for many years to come, so keep that practice up!. Don't let your fears stop you from taking the chance to use your German. Just give it a try, and remember that you will make mistakes. However, these mistakes will teach you so much, so view every single one as a small victory! Learning is growth.

Don't let the quest for learning end here! There is so much you can do to continue the learning process in an organic way, like you did with this book. Add another book from Learn Like a Native to your library. Listen to German talk radio. Watch some of the great German Musical. Put on the latest CD from Sarah Connor. Take cooking lessons in German. Whatever you do, don't stop because every little step you take counts towards learning a new language, culture, and way of communicating.

www.LearnLikeNatives.com

Learn Like a Native is a revolutionary **language education brand** that is taking the linguistic world by storm. Forget boring grammar books that never get you anywhere, Learn Like a Native teaches you languages in a fast and fun way that actually works!

As an international, multichannel, language learning platform, we provide **books, audio guides and eBooks** so that you can acquire the knowledge you need, swiftly and easily.

Our **subject-based learning**, structured around real-world scenarios, builds your conversational muscle and ensures you learn the content most relevant to your requirements.
Discover our tools at *LearnLikeNatives.com*.

When it comes to learning languages, we've got you covered!

www.ingramcontent.com/pod-product-compliance
Lightning Source LLC
Chambersburg PA
CBHW071730080526
44588CB00013B/1963